*Study on Price Transmission in Vertical-related Markets from the Perspective of Perishable Produce in China*

# 基于易腐性视角的我国农产品非对称价格传递研究

## 以果蔬为例

张晓敏　著

中国农业出版社

# 前言

近年来，我国农产品价格异常波动的问题受到媒体、学者以及政府等各界的广泛关注。许多研究开始注意到这样一种现象，即农产品及食品零售价格的上涨幅度远远高于农民所实际感受到的农产品收购价格上涨幅度，而在农产品、食品零售价格下降的时候，零售价格下降往往能迅速传递到生产环节，且生产环节的价格下降幅度也更大。也就是说，从变化幅度上来看，收购价格对零售价格上涨的反应不是很敏感，而对零售价格下降反应更加敏感，学界中也将这种现象称为非对称价格传递。在纵向关联的市场之间，某一环节的价格变化会通过产业关联传递到其他环节并导致整个产业链的福利再分配。上述描述的农产品非对称价格传递现象，关系到农民的福利和收益问题，具体来说，农户在价格上涨中分享到的利润少，而在价格下降中承担的风险大。稳定提高农户的收益和经济收入，对促进农业可持续发展具有重要的作用和意义。在此基础上，对农产品非对称价格传递现象背后影响因素的探讨具有一定必要性。

在完全竞争条件下，考虑到农产品的生产在短期内无法调整，根据价格变化的基本规律来看，无论零售价格上涨还是下降，当传递到生产环节时，农产品收购价格的上涨或下降幅度都将会更大。在我国农产品市场是完全竞争市场的假设下，有学者用理论和实证的办法分析了中国生猪收购与猪肉零售市场间的价格传递，结果发现，当猪肉的零售价格传递到生猪收购价格时，收购环节的价格变化存在放大效应。但完全竞争的假设条件并不符合我国农产品市场的实际情况，也不能解释目前我国农产品价格传递过程中生产环节的市场主体对价格上涨和下降所做出的非对称反应现象。之后，有研究解除了完全竞争的假设，认为在农产品流通过程中存在市场垄断力量，这个假设更加接近于我国当前农产品市场的现实情况。结果发现，市场垄断力量是导致农产品非对称价格传递的主要因素之一。

国外学者研究了农产品价格从批发环节向零售环节传递的情形，结果发现，当批发价格上涨的时候，零售价格上涨的幅度较小，而当批发价格下降的时候，零售价格下降幅度较大，也即零售环节的市场主体对批发价格上涨和下降做出了非对称的反应。对此，他们的解释是，由于农产品具有易腐特性，当批发价格上涨时，如果下游的零售商跟随批发商提高价格可能会降低需求，从而降低农产品销量，增加产品腐烂的概率，这就产生了所谓的调整成本，因此导致零售环节市场主体对批发价格变化做出了非对称反应的现象。从产品特性角度解释农产品的非对称价格传递现象，这提供了更加多元化的视角。

目前，在我国农产品流通环节存在垄断力量的情况下，还没有研究从易腐特性角度解释当零售价格传递到生产环节时，收购价格对零售价格上涨和下降反应不同的非对称价格传递现象；也没有对现有易腐农产品贮藏的政府支持政策实施效果进行定量分析。上述非对称价格传递关系到农民收益问题，对这种现象的解释和因素分析具有重要的理论和现实意义，同时对目前我国易腐农产品贮藏的政府支持政策的实施效果评估亦具有一定的必要性。

本书的总目标是探索导致我国农产品非对称价格传递的影响因素，特别是对于价格由零售环节传导到生产环节时，生产环节的市场主体对价格上涨和下降做出非对称反应的现象，着重从产品特性角度出发分析易腐性对非对称价格传递的影响，并在此基础上进一步探讨易腐农产品贮藏的政府支持政策实施效果。本书的研究意义在于为我国农产品价格调控政策提供有力的理论依据，从一个新的角度探讨如何加强对农产品市场的价格调控，从而尽力确保农户在价格传递过程中的收益免受“剥削”和损害。

本书沿着“研究前提—研究角度—政策评估”的路线，以果蔬为例，具体选择了苹果、梨果、土豆和黄瓜等10种果蔬产品，通过采用协整分析、格兰杰因果关系检验、非对称价格传递的误差修正模型和多元回归等数量经济模型，重点以农产品的易腐性为研究视角，探讨了非对称价格传递产生的机理，并对易腐农产品贮藏的支持政策实施效果进行评估。第一章为导言，交代了本书的研究背景，引出要研究的理论问题，阐述研究这一问题的意义所在，对研究目标、研究假说、研究内容、研究方法及数据来源等一一进行总体说明，并对本书的研究框架进行大致论述。第二章为非对称价格传递的研究综述，主要包括农产品的易腐性和非对称价格传递概念、分类等，农产品价格波动的传导路径、非对称价格传递的影响因素、易腐性与非对称价格传递的关系，研究方法的文献回顾等。第三章为理论分析框架、研究方法与数据，在农产品流通环节存在垄断力量的前提下，分析了易腐性对非对称价格传递的影响机制，并简要分析了目前我国易腐农产品贮藏的政府支持政策实施效果；介绍了本书的实证分析方法和数据范围等，说明了选择果蔬产品作为研究对象的原因。第四章介绍了我国果蔬贮藏保鲜的现状和问题，为后文的实证分析做好了铺垫。第五章为我国果蔬纵向关联市场间价格传导路径，包括果蔬的供需发展现状分析、果蔬价格波动及传导路径的理论分析，最后选取苹果、土豆等10种产品对我国果蔬纵向关联市场间的价格传导路径进行了实证检验。第六章分析了不同产品间非对称价格传递的特征和果蔬纵向关联市场间的竞争程度和贮藏能力，然后选择苹果等5种较耐贮藏的产品，与香蕉等5种易腐的产品进行对比分析，实证检验了易腐性作用于非对称价格传递的影响。第七章分析了不同季节产品间的非对称价格传递的特征，考虑到冬季温度低，产品较耐贮，夏季气温高，产品易腐，通过将冬季的黄瓜、西红柿和夏季的黄瓜、西红柿这两组产品进行对比，实证检验了易腐性作用于非对称价格传递的影响。第八章是对近年来易腐产品的政府贮藏支持政策的实施效果评估，将近年来的贮藏支持政策分类，通过微观调查数据对政府支持措施的实施效果进行实证检验。第九章是研究结论与相关的政策建议。在对本书进行总结的基础上，探讨了降低非对称价格传递的相关政策安排，最后对未来进一步可以深入的前景进行展望。

本书是对农产品非对称价格传递的阶段性研究。从易腐性角度考虑农产品的非对称价格传递，是对现有理论的补充和完善。实际上，根据笔者对价格传递的长期观察发现，加工流通环节中不同企业的反应和调整时间会不同，这也会影响到非对称价格传递，讨论市场力量对价格传递的影响时，也应该同时考虑买方力量而不仅仅是供给方的市场力量。

由于篇幅所限，无法在一本书中同时囊括这些内容，对近两年价格传递解释的新进展，唯有留待将来再补充。所以，本书只是对非对称价格传递“冰山一角”的解释，加之时间仓促，难免存在不足之处，恳请广大读者批评指正。

# 目 录

# 1 导　言

## 1.1 问题的提出及研究意义

### 1.1.1 问题的提出

近年来，我国农产品价格异常波动的问题受到媒体、学者以及政府等各界的广泛关注。许多研究开始注意到这样一种现象，即农产品及食品零售价格的上涨幅度远远高于农民所实际感受到的农产品收购价格上涨幅度，而在农产品、食品零售价格下降的时候，零售价格下降往往能迅速传递到生产环节，且生产环节的价格下降幅度也更大（王秀清等，2007）。也就是说，从变化幅度上来看，收购价格对零售价格上涨的反应不是很敏感，而对零售价格下降反应更加敏感，学界将这种现象称为非对称价格传递。

在纵向关联的市场之间，某一环节的价格变化会通过产业关联传递到其他环节并导致整个产业链的福利再分配。上述描述的农产品非对称价格传递现象，关系到农民的福利和收益问题，具体来说，农户在价格上涨中分享到的利润少，而在价格下降中承担的风险大。稳定提高农户的收益和经济收入，对促进农业可持续发展具有重要的作用和意义。在此基础上，对农产品非对称价格传递现象背后影响因素的探讨具有一定必要性。

在完全竞争条件下，考虑到农产品的生产在短期内无法调整，根据价格变化的基本规律来看，无论零售价格上涨还是下降，当传递到生产环节时，农产品收购价格的上涨或下降幅度都将会更大。辛贤和谭向勇（2000）在我国农产品市场是完全竞争市场的假设下，用理论和实证的办法分析了中国生猪收购与猪肉零售市场间的价格传递，结果发现，当猪肉的零售价格传递到生猪收购价格时，收购环节的价格变化存在放大效应。但完全竞争的假设条件并不符合我国农产品市场的实际情况，也不能解释目前我国农产品价格传递过程中生产环节的市场主体对价格上涨和下降所做出的非对称反应现象。

王秀清等（2007）解除了完全竞争的假设，认为在农产品流通过程中存在市场垄断力量，这个假设更加接近于我国当前农产品市场的现实情况。近年来，随着我国大型流通企业的发展和流通领域的日益集中，农产品市场上的垄断力量逐渐增强，例如粮食加工业近年的集中度明显提高，2003—2007 年，全国前 10 家大米加工企业产量在总加工量中的比例从 5.3%上升到 10.8%，粮油加工厂集中率有明显的改变；具有一定规模的畜禽加工企业（如雨润、双汇等）逐步发展成为行业的巨头，而这些拥有垄断力量的企业往往具备一定能力来操纵市场价格，从而使价格传递偏离完全竞争的轨道。王怡（2007）、洪岚（2009）、郭利京（2011）在此基础上，分别研究了苹果、粮食、猪肉的价格传递情况，结果发现，市场垄断力量是导致农产品非对称价格传递的主要因素之一。此外，王秀清等（2007）的研究表明，在农产品营销企业具有规模报酬不变的技术特征情况下，仍然存在收购环节买方寡占力量与零售环节卖方寡占力量相互抵消从而使价格传递接近完全竞争效果的可能性。由此看出，市场垄断力量可能是农产品非对称价格传递的因素之一，但非对称价格传递现象可能是多种因素综合作用的结果。

Ward（1982）等研究了农产品价格从批发环节向零售环节传递的情形，结果发现，当批发价格上涨的时候，零售价格上涨的幅度较小，而当批发价格下降的时候，零售价格下降幅度较大，也即零售环节的市场主体对批发价格上涨和下降做出了非对称的反应。对此，Ward 的解释是，由于农产品具有易腐特性，当批发价格上涨时，如果下游的零售商跟随批发商提高价格可能会降低需求，从而降低农产品销量，增加产品腐烂的概率，这就产生了所谓的调整成本，因此会导致零售环节市场主体对批发价格变化做出了非对称反应的现象。随后，Kinnucan 和 Forker（1987）、Schroeder（1988）、Willet 等（1997）在 Ward 的分析框架上，运用不同的产品分析了易腐特性对农产品价格非对称价格传递的影响，结果表明，易腐性是造成非对称价格传递的主要因素。Ward 的理论突破了传统上从市场结构角度解释非对称价格传递的局限，从产品特性角度解释农产品的非对称价格传递现象，这提供了更加多元化的视角。

在我国，生产环节的冷库等贮藏设施建设落后，且农户对贮藏知识的了解较少，许多农产品具有上市期集中、不易保鲜等特性，这使得农户在议价中处于被动、弱势地位（李国祥，2011）。当零售价格上涨时，收购价格上涨的幅度可能不是很大，而当零售价格下降时，收购价格下降的幅度可能较大。如果政府通过相关的支持政策或者贮藏手段改变产品易腐烂、易变质的特性，或延长产品的生命周期，农户就可以选择不同的时机出售产品来避免集中上市的价格风险（徐雪高，2011；刘静，2009），从而提高农户的议价能力，并获得一个较高的价格。因此，从理论上来说，政府的支持政策在一定程度上可以降低价格传递的非对称程度。

目前，在我国农产品流通环节存在垄断力量的情况下，还没有研究从易腐特性角度解释当零售价格传递到生产环节时，收购价格对零售价格上涨和下降反应不同的非对称价格传递现象；也没有对现有易腐农产品贮藏的政府支持政策实施效果进行定量分析。从前文的分析可知，上述非对称价格传递关系到农民收益问题，对这种现象的解释和因素分析具有重要的理论和现实意义，同时对目前我国易腐农产品贮藏的政府支持政策的实施效果评估亦具有一定必要性。

对此，本书以果蔬市场为例，对以上几个问题进行深入剖析。选择果蔬的理由是，在农产品中，许多水果、蔬菜具有易腐特性，不耐贮藏，如黄瓜、西红柿等，但也有一些果蔬品种较耐贮藏，如土豆、生姜等，不同产品的易腐程度不同，这样可以比较不同产品的非对称价格传递特征的差异，从而更好地说明易腐性对非对称价格传递的影响。

### 1.1.2 研究意义

首先，对非对称价格传递的研究补充了经典经济学的不足。在一系列严格假设下，微观经济学经典理论证明了，无论对于单个市场还是整个经济，市场机制都是有效的。然而，当市场范围扩展到产业链，即面对上、下游两个市场或多个纵向关联市场时，市场机制是否仍然有效的问题则超出了经典经济学的研究范畴。但现实中恰恰存在大量这类产业链的均衡问题。可以说，我国农产品价格非对称传递恰恰揭示出一类具有典型意义的产业链均衡及市场机制有效运作的问题。

其次，从易腐特性角度解释我国农产品非对称价格传递的现象，是对现有理论的有益补充。已有研究较多地关注了垄断力量对对农产品非对称价格传递的影响，而忽视了易腐特性会加剧市场垄断力量的对比程度，从而会加剧农产品价格传递的非对称程度。因此，在农产品市场的流通环节存在垄断力量的条件下，从产品易腐特性角度解释我国农产品价格非对称传递现象，这使得现有理论体系更加完善。

最后，从农产品易腐特性的角度解释非对称价格传递具有重要的现实意义。2012 年中央 1 号文件《关于加快推进农业科技创新　持续增强农产品供给保障能力的若干意见》，明确提出“加强农产品流通设施建设，……加快发展鲜活农产品连锁配送物流中心，支持建立一体化冷链物流体系。继续加强农村公路建设和管护。扶持产地农产品收集、加工、包装、贮存等配套设施建设，重点对农民专业合作社建设初加工和贮藏设施予以补助。”由此可以看到，相关政府部门非常重视生鲜、易腐农产品的贮藏和物流的建设，尤其强调支持一体化冷链物流等基础设施的建设。本书对我国目前易腐产品的政府贮藏支持政策进行评估，对现有政策具有更好的指导意义。

## 1.2　研究目标、研究假说及研究内容

### 1.2.1　研究目标

本书选取果蔬产品中的苹果、梨果、柑橘、香蕉、土豆、生姜、大白菜、黄瓜、西红柿和菠菜这 10 种易腐程度存在差异的品种作为研究对象。本书的总目标是探索导致我国农产品非对称价格传递的影响因素，特别是对于价格由零售环节传导到收购环节时，生产环节的市场主体对价格上涨和下降做出的非对称反应的现象，着重从产品特性角度出发分析易腐对非对称价格传递的影响，并在此基础上进一步探讨易腐农产品贮藏的政府支持政策实施效果。本书的总目标又分为三个分目标，具体如下：

第一，在果蔬的非对称价格传导路径中，是由零售价格传导到收购价格还是由收购价格传导到零售价格？

第二，如果是由下游的零售价格传导到收购价格，生产环节的市场主体对价格上涨和下降做出非对称反应现象，果蔬的易腐性如何作用于这种非对称价格传递现象？不同产品之间、不同季节之间产品各自的非对称价格传递特征有何差别？

第三，从理论上来说，通过采取一定的贮藏措施可以降低价格传递的非对称程度，那么在现实中，已有的易腐农产品贮藏的政府支持政策实施效果如何？

### 1.2.2 研究假说

为了实现以上研究目标，本书提出以下研究假说：

**假说一：**在果蔬的纵向关联市场间，零售市场的主导地位日益突出，零售价格引导上游收购价格的变化。

近年来，我国在提高果蔬供给总量、增加食品多样性以及改进国民营养状况方面取得了令人瞩目的成就，我国的果蔬食品工业已发展得门类比较齐全，基本能够满足国内市场需求，加上自我国加入 WTO 以后果蔬进口量不断增加，因此，我国果蔬的供给已经比较充分。就果蔬需求而言，随着近年来居民人均收入的提高，人们对水果、蔬菜的安全程度、质量和营养等方面更加关注，而下游的流通企业直接面对消费者不断变化和升级的消费需求，下游的流通企业就可以将消费者对这类产品的质量、品种和季节性的要求贯彻到上游的生产和加工环节。因此，在果蔬纵向关联市场间，需求变化对果蔬市场的影响越来越重要，价格传导的路径会表现为零售价格传导到收购价格。

在假说一成立的前提下，即当零售价格的变化传导到收购环节时，生产环节的市场主体对零售价格上涨和下降做出了非对称的反应。已有研究对这个现象的解释是纵向关联市场垄断力量的对比程度不同，导致各环节之间的议价能力存在差异，造成农产品的非对称价格传递。本书通过分析发现，农产品的易腐特性会加剧纵向产业链条市场力量的对比程度，进而导致价格传递的非对称程度变大，据此，本书提出研究假说二和研究假说三。

**假说二：**对于易腐程度不同的果蔬而言，越是易腐的果蔬产品，其价格非对称传递特征越强；越是易贮藏的果蔬其价格传递的非对称特征越微弱。

**假说三：**对于同一产品的不同季节而言，处于夏季的农产品的耐贮藏性较差，其非对称价格传递的特征越强；处于冬季的农产品的耐贮藏性较好，其非对称价格传递特征越微弱。

考虑到有些果蔬产品不耐高温、不易贮藏，在采后运输和销售的过程中，容易发生腐烂、品质风味及外观劣变等现象。农户生产出来的产品大多需尽快售出，中间流通机构借此可以向农户压价，因此，当零售价格上涨的时候，农产品的收购价格上涨的幅度较小，而当零售价格下降的时候，农产品下降的幅度较大。

非对称价格传递现象表明，农户在整个产业链条上的收益受损甚至存在"被剥夺"的现象，那么降低价格传递的非对称程度，提高农户的收益和在农业产业链条当中的议价能力，给政府出台相关政策提供了一定的空间。在假说二和假说三成立的前提下，理论上来说，相关的贮藏措施可以延长产品的生命周期，使得农产品更加耐贮藏，从而提高农户的议价能力，降低价格传递的非对称程度。目前，政府等相关部门开始重视易腐产品的贮藏和保鲜功能，对此在贮藏方面的支持政策措施也较多，但不同类型的政策具有不同的效果，这还需要量化评估。在此基础上，本书利用微观调研数据对此进行实证分析，并进一步提出研究假说四。

**假说四：**在易腐农产品贮藏的政府支持政策中，提供易腐农产品的贮藏设施和积极鼓励支持发展非政府机构的科技服务推广的支持政策的效果比较明显。

一般来讲，水果、蔬菜等农产品具有上市期集中、不易保鲜等特性，这使得农户在议价中处于被动、弱势地位。从政府这个行为主体出发，从贮藏手段来看，冷藏保鲜、冷链和低温仓储这些专门针对易腐产品的贮藏措施可以延长产品的生命周期，因此，农户可以选择不同的时机出售产品来避免集中上市的价格风险，从而提高农户的议价能力，并获得一个较高的价格。从政府鼓励支持的科技服务的推广渠道来看，非政府机构的科技服务推广可以更有针对性地为农户提供采前、采收过程中的贮藏方面的服务，比政府机构推广的科技服务推广更有针对性，因此非政府机构的科技服务推广对提高产品的耐贮性进而提高农户的议价能力具有正向影响。

### 1.2.3 研究内容

本书在果蔬市场存在垄断力量的情况下，进一步从果蔬的易腐特性角度分析了农产品纵向关联市场间的价格传递特征，丰富了我国农产品纵向价格传递理论。具体研究内容主要包括以下几个方面：

**研究内容一：关于果蔬非对称价格传导路径的研究**

近年来，果蔬的供给已经比较充分，需求在果蔬市场中的重要性越来越突出。具体来说，随着居民收入的提高，人们对果蔬的质量、安全程度、营养方面的需求逐渐增加，上游的生产者对下游消费者的需求变化不是很敏感，而作为下游的企业可以直接面对消费者不断变化和升级的消费需求，下游企业就可以将这些消费需求贯彻到上游环节。因此，相比果蔬的供给而言，果蔬需求的变化对果蔬市场的影响越来越大。从价格传导上来看，则表现为由果蔬的零售价格传导到收购价格，也就是研究假说一的内容。沿着这样的分析思路，研究内容一首先对果蔬的供给和果蔬的需求现状进行了分析，在此基础上分析了果蔬纵向关联市场间价格传导的可能路径，最后运用协整分析和格兰杰因果关系检验的计量方法，通过对苹果、梨果、香蕉、柑橘、土豆、生姜、大白菜、西红柿、黄瓜和菠菜这 10 种产品进行检验，查看这几种产品零售价格和收购价格之间的传导关系。

**研究内容二：易腐性对果蔬非对称价格传递影响的研究**

研究内容二包括两个研究假说，即研究假说二和研究假说三，分别从产品间、季节间的比较说明了易腐性对农产品非对称价格传递的影响。在农产品流通环节存在垄断力量的情况下，中间流通商可以通过自己的垄断力量向农户压价，使得收购价格在零售价格上涨时涨幅较小，而收购价格在零售价格下降时下降幅度较大。考虑到有些农产品具有易腐特性，农户生产出来的产品需在较短时间内售出，否则产品会腐烂、变质，由此给农户带来更大的损失，产品的易腐特性使得农户在议价中处于更加弱势的地位，而使得中间流通机构在议价中处于更加强势的地位，因此加剧了这种垄断力量的对比程度，也使得农产品非对称价格传递的特征更加明显。在研究假说二中，通过苹果、梨果、土豆、生姜、大白菜这 5 种耐贮藏的果蔬，与香蕉、柑橘、黄瓜、西红柿、菠菜这 5 种易腐的果蔬进行对比，运用非对称价格传递的误差修正模型进行实证检验，查看不同产品间的非对称价格传递特征的差异。在研究假说三中，通过夏季的黄瓜、西红柿和冬季的黄瓜、西红柿进行对比，同样运用非对称价格传递的误差修正模型进行检验，查看不同季节中的产品非对称价格传递特征的差异。

**研究内容三：我国易腐农产品贮藏的政府支持政策实施效果评估**

对于易腐农产品来说，在已有的政府贮藏支持政策中，不同类型政策的实施效果可能是不同的。对目前的政策措施的评估需要从农户角度进行实证检验。研究内容三包含了研究假说四的内容，以梨果种植农户作为研究对象，对湖北省恩施市宣恩县和河北省辛集市的梨果种植农户的种植和销售情况进行了微观调查，对获得的 209 份有效样本进行了描述性统计分析，在此基础上，运用多元回归模型，重点分析了不同类型政策措施的实施效果。这使得本书的政策建议更具说服力。

## 1.3 研究方法和技术路线

### 1.3.1 研究方法

本书拟采用综合的研究方法，主要包括四个方面：第一，在采用经济学规范分析方法的同时，运用定量分析方法进行实证分析，并且努力将定性分析与定量分析结合起来。第二，采用比较分析的方法。第三，努力做到理论研究和政策研究相结合。第四，在研究过程中，采用微观计量分析与宏观农产品价格传递模型分析对照研究。也就是说，本书主要采用的研究方法包括实证分析、规范分析、比较研究、案例研究等方法，应用农业经济管理、流通经济学、价格学和产业经济学，采用定性与定量相结合的方法，通过计量模型对影响非对称价格传递的主要因素进行实证分析。

**定性分析与定量分析**。具体来讲，本书将有关价格非对称传递的已有文献进行梳理，从而指出本书的研究视角，运用理论分析易腐性对非对称价格传递的影响机理，在定性分析的基础上，综合运用一般描述性统计分析方法与经济计量方法对果蔬上下游价格引导、易腐性与果蔬非对称价格传递等进行定量分析。

**比较分析方法**。由于不同产品的腐烂特性是不同的，同一产品不同季节的特性也存在差别，为了证明易腐性的影响，需要对不同品种间和不同季节间的非对称价格传递特征进行比较，由此可以更好地揭示我国非对称价格传递的原因机理。

**理论研究和政策研究相结合**。本书在对已有理论进行梳理的基础上，发现在分析我国农产品生产环节的市场主体的非对称反应时忽视了农产品易腐特性。为使本书既有理论研究的深度，又具有在管理实践中的可操作性，本书重点分析了易腐性对价格非对称传递的影响，这为我国研究非对称价格传递理论做出了有益的探索。同时，本书根据实际情况为政府提出相关的政策建议，针对易腐产品，对如何降低非对称价格传递提出了有益的、可操作的对策。

**微观调查和宏观经济模型相结合**。本书主要运用宏观经济模型解释了易腐性对非对称价格传递的影响，但为了弥补可能的实证数据的缺乏和已有资料的不完整，结合实地访谈和问卷调查进行进一步的补充，使得全书的结论更具说服力。

### 1.3.2 技术路线

本书采用上述研究方法，在已有文献的基础上，运用不同地区的农产品时间序列数据、家庭微观数据对上述研究假说予以实证，对所研究的问题进行深入探讨技术路线如图 1-1 所示：

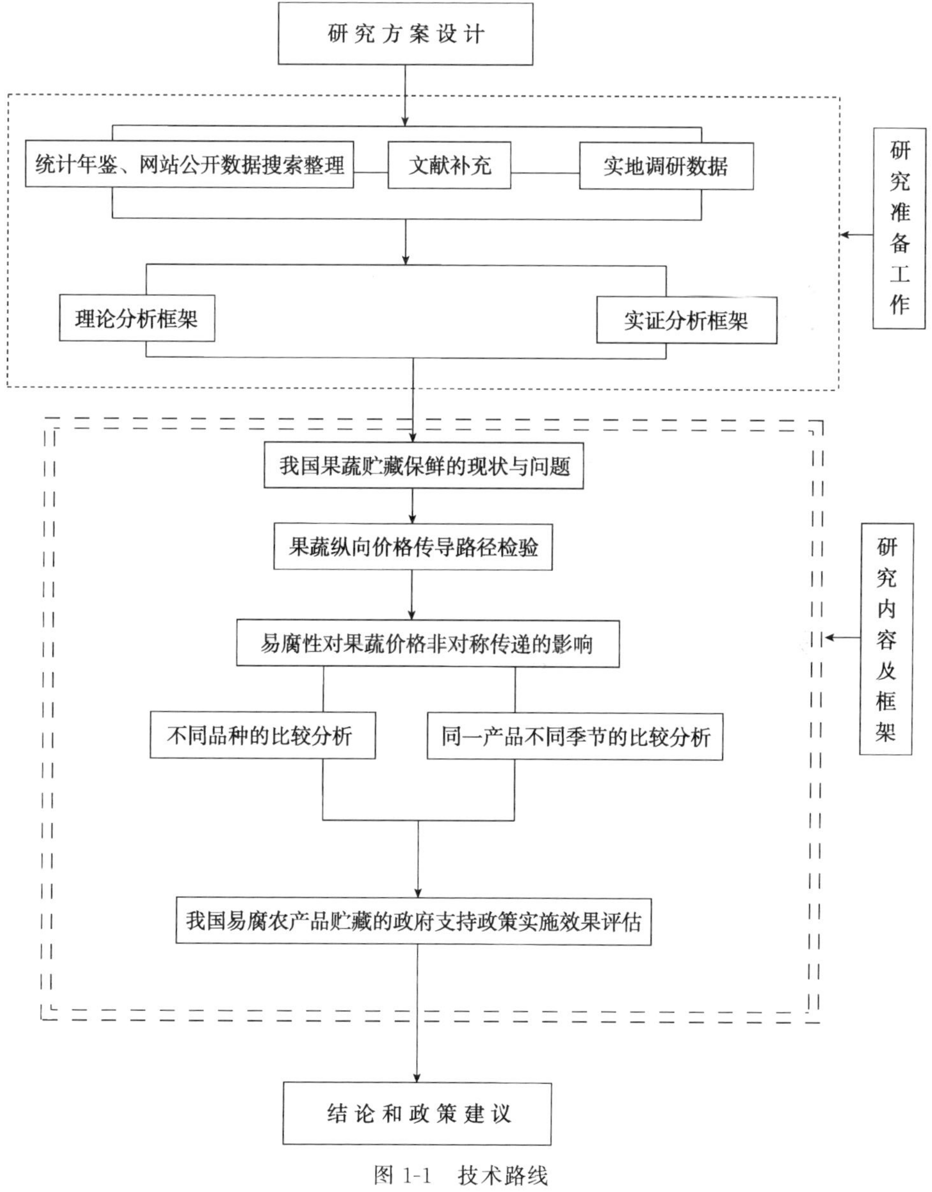


图 1-1 技术路线

## 1.4 数据来源

本书采用的数据包括宏观数据和实地调研数据，具体的数据来源主要包括以下几个部分：

第一，宏观数据。主要来自 2010 年《中国农业统计资料》、2007—2009 年《全国农产品成本收益资料汇编》，2000—2010 年《中国农产品加工业年鉴》，2000—2010 年《中国统计年鉴》,中国统计局网站（www. stats. gov. cn），商务部网站（www. mofcom. gov. cn），农业部网站（www. agri. gov. cn），FAO 数据库（www. fao. org）。

第二，实地调研数据。主要来自于我们在 2011 年 8 月中下旬，对全国重点梨果种植地区河北省辛集市和湖北省宣恩县开展的农户梨果种植调查，以及结合典型农户所进行的深度访谈。

## 1.5 本书的结构安排

在农产品流通环节的垄断力量会导致农产品非对称价格传递的前提下，本书进一步发现农产品的易腐性会加剧纵向关联市场间垄断力量对比的程度，因此重点分析了易腐性对非对称价格传递的影响，并在此基础上对易腐农产品贮藏的政府支持政策实施效果进行了评估。全书共分为八部分，具体结构安排如下：

**导言**。交代了本书的研究背景，引出要研究的理论问题，阐述研究这一问题的意义所在，对研究目标、研究假说、研究内容、研究方法及数据来源等一一进行总体说明，并对本书的研究框架进行大致论述。

**理论综述**。首先是对于易腐农产品的一般性分析，主要包括农产品的易腐性概念界定、农产品的易腐性分类、由农产品易腐性带来的影响以及易腐农产品贮藏的措施回顾。其次是对农产品非对称价格传递研究回顾，主要包括农产品价格波动的传导路径、非对称价格传递的概念、非对称价格传递的影响因素、非对称价格传递对福利的影响。第三，回顾了农产品易腐性与非对称价格传递的关系。第四，对非对称价格传递研究方法的回顾，主要包括价格未进行整合的研究方法、价格整合基础上的研究方法和其他方法。

**分析框架、研究方法与数据**。全书的分析框架：首先交代了本书的假定条件，按照“研究前提—研究视角—措施评估”的路线，分析了果蔬非对称价格的传导路径，在此基础上，在农产品流通环节存在垄断力量的前提下，分析了易腐性影响市场力量的对比程度并进一步导致非对称价格传递，在易腐性导致非对称价格传递得以实证的基础上，本书进一步对目前我国易腐农产品贮藏的政府支持政策实施效果进行了评估。研究方法：在全文理论分析框架下，就上述理论分析框架中涉及的相关实证研究一一进行阐述，具体说明下列各章与理论分析框架之间的逻辑关系和各章之间的实证逻辑顺序。最后，鉴于本书的分析前提，对本书的数据范围进行了讨论。

**我国果蔬贮藏保鲜的现状与问题**。在梳理当前我国果蔬贮藏保鲜产业的现状和特征的基础上，指出我国果蔬的贮藏保鲜产业还存在一些问题，例如果蔬贮藏保鲜技术的普及率较低、重视程度不够，贮藏保鲜的技术创新不足，贮藏保鲜基础设施布局不均衡、投入不足和重复建设问题并存，针对贮藏保鲜的生产性服务较为欠缺。同时，总结了发达国家在贮藏保鲜方面的经验和启示。最后，提出了我国果蔬贮藏保鲜产业发展的政策支持方向。

**我国果蔬纵向关联市场间价格传导路径**。首先，分析了我国果蔬的供需发展现状，主要包括果蔬的供给发展现状、果蔬需求发展现状。其次，进行了果蔬价格波动及传导路径分析，即先用图表的办法展现目前果蔬收购价格和零售价格的波动情况，接着在前文描述性分析基础上，理论分析果蔬收购价格与零售价格传导路径。最后，进行果蔬纵向关联市场间价格传导路径的实证分析，主要包括数据处理与实证结果分析，主要用苹果、土豆等 10 种产品的产地批发价格代替上游环节的收购价格，用销地批发价格代替下游环节的零售价格，运用协整分析和格兰杰因果关系检验对我国果蔬纵向关联市场间的价格传导路径进行了检验。

**易腐性对果蔬非对称价格传递的影响分析：基于不同品种的比较**。首先，分析了果蔬纵向关联市场间的竞争程度和贮藏能力。其次，通过选择苹果、梨果、土豆、生姜和大白菜 5 种较耐贮藏的产品，与柑橘、香蕉、黄瓜、西红柿和菠菜 5 种易腐的产品进行对比，分析了不同产品间非对称价格传递的特征。最后，对易腐性作用于非对称价格传递的影响进行实证检验，运用非对称价格传递的误差修正模型，考察了易腐程度不同的产品之间的非对称价格传递的差异。

**易腐性对果蔬非对称价格传递的影响分析：基于不同季节的比较**。首先，考虑到冬季温度低，产品较耐贮，夏季气温高，产品易腐，通过将冬季的黄瓜、西红柿和夏季的黄瓜、西红柿这两组产品进行对比，分析了同一产品不同季节的产品非对称价格传递特征。其次，对易腐性作用于非对称价格传递的影响进行实证检验，同样运用非对称价格传递的误差修正模型，考察了不同季节下产品的非对称价格传递特征的差异。

**近期易腐产品的政府贮藏支持政策的实施效果评估**。首先分析了政府介入易腐产品贮藏建设的必要性，描述了政府的两种贮藏支持政策，分别是政府对贮藏设施建设支持政策和政府鼓励发展多元化科技服务推广渠道政策。其次，进行数据及样本统计描述，对本书的调查数据进行说明。最后，对上述政府支持措施实施效果进行实证检验，运用多元回归模型，对现有的易腐产品的政府贮藏支持政策的实施效果进行了实证研究。

**结论与政策建议**。在进行全书总结的基础上，探讨了降低非对称价格传递的相关政策安排，最后对本书未来进一步可以深入的前景进行展望。

## 1.6 本书的创新与不足之处

本书的创新之处主要在于：

第一，在研究视角方面，以往大部分研究只对导致非对称价格传递的某个因素做了探讨，如主要从垄断力量的角度研究了生产环节的市场主体对价格上涨和下降所做出的非对称反应，本书则在农产品流通环节存在垄断力量的前提下，进一步分析了易腐性扩大了市场力量的对比程度进而扩大了农产品价格传递的非对称程度，本书是一项探索性的研究，是对同类研究的有益补充。

第二，在政策措施方面，大部分研究仅对目前政府贮藏的支持政策进行了定性和描述性的分析，而从农户层面考察目前政策措施实施效果的实证研究较为少见，本书利用微观调查数据，对已有的政策措施进行了评估，并指明了易腐农产品贮藏政策支持的方向。

第三，在农产品价格传导关系的研究中，以往大部分研究仅对两个市场之间的价格整合情况进行了检验，以此来判断市场一体化程度，而没有以具体的产品为例，对这一产品市场上谁是价格的主导力量做出判断，进而明确这一产品的价格传导路径，而这是建立非对称价格传递模型的理论前提。

当然，由于受到时间、经费、资料和研究能力的限制，本书在以下几方面仍有待进一步完善：

第一，由于受到数据的限制，在本书的实证研究中，均采用主产地的批发价格替代收购价格，用主销地批发价格替代零售价格，而没有直接采用收购价格和零售价格，这可能会在一定程度上削弱本书的结论。

第二，尽管本书对已有易腐产品的政府贮藏支持政策进行了梳理和讨论，且从政府这一行为主体出发，将其分为政府贮藏设施建设支持政策和支持鼓励发展多元化科技服务推广渠道政策，但这种划分类型可能需要进一步细分。

第三，某些变量的度量也存在疑义，例如农户议价能力的度量有改进的空间，这是今后需要继续完善的地方。

# 2 非对称价格传递的研究综述

本章主要回顾与本书主题相关的理论和文献，为本书的研究奠定理论基础、提供研究方法，并在既有的研究基础上指出本书的不同贡献。首先，对农产品易腐性的概念界定、农产品的易腐性分类、易腐农产品带来的影响和易腐农产品贮藏措施进行了回顾；其次，回顾了非对称价格传递的传导路径、概念界定、影响因素和对福利的影响；第三，回顾了易腐性与非对称价格传递的关系；第四，对非对称价格传递的研究方法进行了回顾；最后，在上述文献基础上阐述了所得到的启示。

## 2.1 关于易腐农产品的一般性分析

### 2.1.1 农产品的易腐性概念界定

对易腐产品概念界定的文献已经比较丰富，已有文献从不同角度对易腐产品的概念进行了介绍。Goyal 和 Giri（2001）将易腐物品划分为两类：一类是价值随技术发展或者竞争对手新产品的引进而降低的产品，如时尚服饰、唱片等；另一类是随时间腐坏变质的产品，如肉类、瓜果、蔬菜。Wee（1993）将易腐物品定义为价值或者效用会随时间而腐坏、蒸发或陈旧的一类物品。也有研究指出易腐产品的价值或效用可看成是时间的函数，划分为以下几类：（1）效用不变（Constant utility）产品，即在可用的生命周期内没有可感知的价值损失，如处方药品；（2）效用递减（Decreasing utility）产品，即在整个生命周期内，效用递减，如生鲜农产品；（3）效用递增（Increasing utility）产品，即在生命周期内效用递增，如酒、古董等（李军、蔡小强，2009）。

已有研究对易腐农产品的界定也更加细分。陈军（2009）指出，生鲜农产品是指由农户生产、养殖的不经过加工或者经过少量加工，在常温下不能长期保存的初级农畜产品，一般包括蔬菜、水果、肉类和水产品。张俊巧（2008）对易腐农产品的界定所涉及的产品更为具体，认为易腐农产品是指以生鲜状态消费或销售的农产品，包括水果、蔬菜、薯类、甘蔗和花卉等。这些农产品在采后运输和销售的过程中，容易发生腐烂、品质风味及外观劣变等现象。黄祖辉和刘东英（2006）指出易腐农产品在生产、流通和消费方面具有以下特性：鲜活性、即食性、难储性，因此，易腐农产品的供应链体系和物流管理具有不同于一般工业品物流管理的特点。

通过对上述概念的梳理，本书对易腐农产品的定义如下：易腐农产品是指随时间的流逝发生变质、腐烂、质量变差，在整个生命周期内其价值逐渐降低的农产品。

### 2.1.2　农产品的易腐性分类

判断农产品易腐或贮藏性状有 4 个指标：产品硬度、贮藏环境温度、贮藏环境湿度的测定和可溶性固形物的测定（王文辉、许步前，2007）。本书以果蔬为例来说明，果蔬硬度指果蔬单位表面积所承受的测力弹簧的压力，随着果蔬的成熟和贮藏期的延长，果蔬硬度逐渐下降，因此可以通过测定果蔬硬度的大小来确定果蔬适宜采收期和贮藏期；温度是果蔬贮藏最重要的环境因素之一，果蔬采后仍是有生命的活体，环境温度越低，果蔬呼吸强度越低，新陈代谢越弱，贮期越长；果蔬中可溶性固形物主要包括糖、有机酸等，可溶性固形物的含量高低，直接反映了果蔬品质及成熟度，是判断适宜采收期和耐贮性的一个重要指标；果蔬的含水量高，贮藏时要求具有较高并且相对稳定的环境湿度，环境湿度过低，果蔬很快失水、皱缩，相反，湿度过高，果蔬表面结露而易引起腐烂。

不同种类和品种的果蔬在贮藏过程中的耐贮性是不同的，根据我国果蔬耐贮性的差异，在各类果蔬最适宜的冷藏条件下按贮藏的难易程度分为极易腐烂、易腐烂、稍耐贮藏、较耐贮藏、耐贮藏和极耐贮藏 6 类（表 2-1）。

而在以上 4 个指标中，果蔬硬度和温度是最重要的两个指标。因此，在后文的分析中，主要通过两个指标来反映果蔬的易腐特性：一是果蔬硬度，二是果蔬的贮藏环境温度。

**表 2-1 最适冷藏条件下果蔬的易腐性分类及贮藏期**

| 易腐性 | 贮藏期 | 果蔬种类 |
| --- | --- | --- |
| 极易腐烂 | 几天至十几天 | 草莓、杨梅、无花果、杏、黑莓、欧洲越橘、菠菜、黄瓜、西红柿（完熟）、甜玉米、蘑菇等 |
| 易腐烂 | 2 周至 1 个月 | 梅、桃（早中熟品种）、李（早中熟品种）、甜樱桃、西瓜、杧果、荔枝、菠萝、番石榴、杨桃、油桃、香蕉、柑橘等 |
| 稍耐贮藏 | 1～2 个月 | 葡萄、桃（晚熟品种）、鲜枣、哈密瓜等 |
| 较耐贮藏 | 2～4 个月 | 甜橙、柚类、猕猴桃、苹果（早中熟品种）、石榴、经二氧化碳防腐处理的葡萄、芹菜、萝卜等 |
| 耐贮藏 | 4～6 个月 | 苹果（多数中晚熟、晚熟品种）、梨（多数中晚熟、晚熟品种）、柠檬、芜菁（根部）、胡萝卜（根部）等 |
| 极耐贮藏 | 6 个月以上 | 苹果（极晚熟品种）、梨（部分晚熟品种）、坚果、土豆、洋葱、蒜（干的）、辣椒（尖辣椒）等 |

资料来源：王文辉、许步前主编《果品采后处理及贮运保鲜》，金盾出版社，2007 年版，29～30 页。

### 2.1.3 由农产品易腐性带来的影响

首先，易腐农产品降低了相关农户的议价能力。农产品生产具有周期性、季节性，因易腐农产品对交易时间要求严格，农产品一旦大量上市，其不耐贮藏性会使得农户在谈价议价中处于弱势地位（高扬，2011）。

其次，由于针对易腐农产品的冷链物流发展滞后，由此产生了大量的流通损耗。生鲜农产品的原始形状差异大，质量不均，实施标准化物流作业难度较大；且食品冷链常温物流系统复杂、投资大，使得冷链物流发展滞后，进而造成易腐农产品在流通过程中发生价值性损耗（陈军，2009）。

最后，易腐农产品容易腐败变质，可能会对食品安全产生影响。国务院发展研究中心曾指出，加入 WTO 对中国农业的挑战之一就是食品安全和质量与国际标准存在较大差距。生鲜、易腐食品物流环节多、作业复杂，包括食品原料的采购、运输、加工、贮藏、配送、销售等，各环节的技术、设备、能力、作业及其协调性对食品安全均有重要影响。

### 2.1.4 易腐农产品贮藏的措施

首先，从企业层面来说，针对易腐农产品的应对措施研究已经比较丰富。目前对易腐性产品损耗控制措施的研究主要集中在库存、定价策略、运输管理等方面。Goyal 和 Giri（2001）对易腐性产品的库存研究进行了综述，说明有固定生命周期、随机生命周期和腐烂损失为库存的一定比例的三种库存模型。Xu Xiaolin（2006）提出易腐性产品较长的运输时间会引起供应减少（腐烂导致数量的减少和质量的降低）和需求的降低（市场价值降低），影响市场价格与零售商的收益；研究了在竞争性市场，零售商可能会以高的运输成本得到少的运输时间，获得高的市场价格，这里价格和运输时间是零售商的决策变量。Bogataj 等（2005）说明食品冷链在生产、运输过程中，温度和运输时间的变化都会带来供应链价值的变化。Hsu 等（2007）研究了易腐性产品的运输路径安排问题，说明在运输配送中行驶过程是时间依赖的（Time-dependent），温度是时变的（Time-varying），食品的腐烂损坏是与行驶时间和温度密切相关的，构造了易腐性食品时间依赖的损失函数，因此可直接将易腐性产品的价值损失表示为运输时间的函数。李军、蔡小强（2007）认为在客户的需求运量小的情况下，如果多个客户能够联合共同选用较好的运输设施，则可以降低成本，保证易腐性产品的新鲜程度，进而保证客户的利益。

其次，从政府层面来说，针对易腐农产品的应对措施的研究越来越多。庄晋财、黄群峰（2009）提出针对我国易腐农产品的损耗控制政策措施，应该大力发展贮存、保鲜、分选、包装和低温仓储、运输为主的农产品冷链系统，提高农产品物流的综合能力。李继凯和陈晓明（2011）提出，果蔬冷链系统需要巨额资金投入，但是农户、经销商、批发市场、零售终端等市场主体投资冷链系统的收益率低、回收期长，缺乏投资积极性；消费者对经冷链运输的高价农产品支付意愿不强；政府的政策扶持力度也不够。王强等（2007）提出在冷链物流发展的初级阶段，都需政府的支持和引导资金的投入；同时提出政府引导资金支持的对象，一是大型批发市场和配送中心，二是提供社会公共服务的第三方物流中心，三是产地加工企业；支持的重点内容主要是硬件设施建设、分析检测设备、标准的制定与人员培训等。刘丽欣、励建荣（2008）指出政府应当对农产品了冷链物流的建设进行支持，尤其是在科技政策方面，将冷链物流技术发展作为重要内容，在国家科技政策方面给予特别的关注和扶持。

由此可以看到，易腐农产品的贮藏措施中，政府进行支持的重要性越来越受到重视，尤其是对冷链物流体系建设的投资和支持等方面。但对易腐产品贮藏的政府支持政策的实施效果均停留在定性和描述性分析的基础上，缺乏实证研究。

## 2.2 农产品非对称价格传递研究回顾

### 2.2.1 农产品价格波动的传导路径

国内关于价格传导路径可以分为两类：一是顺向价格传导，如由工业品出厂价格指数向居民消费物价指数传导；二是逆向价格传导，即表现下游价格指数向上游价格指数的传导。我国农产品传导路径也可以此类推。

近年来，国内学者对纵向价格传导关系的关注越来越多。对于我国农产品纵向关联市场间的价格传导关系，有些学者认为价格传导机制以成本推动型为主。王芳等（2009）基于2002年1月至2006年12月的数据分析了玉米、仔猪、生猪和猪肉价格之间的传导关系，结果表明，养猪业价格的变化首先出现在上游环节的玉米价格上，接着由玉米价格变化引导生猪价格和猪肉价格变化、仔猪价格变化引导猪肉价格变化，但位于下游环节的猪肉价格对上游环节仔猪价格影响不大。翟雪玲等（2008）、李哲敏等（2010）分别通过对肉鸡、禽蛋市场的研究表明，这两类产品的价格传导也以成本推动型为主，即由上游价格带动下游价格。此外，有些研究比较关注近年来农产品的价格上涨现象，有不少文章讨论从生产资料和流通费用向农产品、食品价格传递的问题。隐含在这个“传递”概念背后的也是成本决定价格的思维，即农产品价格上涨是被农产品的成本上涨“顶”起来的（周其仁，2011）。

与成本推动型的价格传导机制不同，有学者指出应当结合需求市场的情况进行分析（周其仁，2011）。刘家富等（2010）分析了国内大豆和豆油市场的价格传导关系，认为在我国市场开放后，国内产能过剩和压榨企业之间激烈的市场竞争，使得豆油价格成为企业是否扩大生产的决定因素，因此豆油价格是大豆价格的引导因素，呈现需求拉动型的价格传导特征。李圣军等（2010）基于2006年1月至2008年12月的农业生产资料价格指数、农产品价格指数和居民消费价格指数等月度数据，对农业产业链条价格传递机制进行了实证检验，结果表明，农业产业链条的价格传递以需求拉动为主，以供给推动为辅。

因此，关于我国农产品纵向关联市场间价格传导关系的研究结论并不一致。已有的对宏观经济领域总体价格间传导关系的研究表明（如代表上游环节的生产者价格指数PPI和代表下游环节的消费者价格指数CPI），需求和供给因素在我国不同发展阶段其重要性是不同的，因此表现在CPI和PPI之间的价格传导关系形式也会有所不同，这就需要结合我国经济发展阶段的特征分析相关产品市场的供需变化情况（贺力平等，2008；申银万国研究所，2008）。

综上所述，农产品价格传导关系，既可以表现为上游价格带动下游价格变化，也可以表现为下游价格带动上游价格变化，不同的时期和不同的产品其表现出来的具体形式和特征并不相同，这需要结合具体的产品和一国一定的阶段特征进行理论分析和实证检验。

### 2.2.2 非对称价格传递的概念

农产品价格传递研究是农产品市场与流通理论研究中的重点领域，其中，非对称价格传递问题成为近年来农产品价格传递研究的热点问题之一。对非对称价格传递的定义，有以下几类不同的划分标准：

- 根据价格上涨和下降的不同反应来划分；
- 根据不同环节之间的价格变化幅度或速度是否对称来划分；
- 根据两个价格之间是纵向关联市场的价格传递还是横向价格传递来划分。

按照第一种划分依据，非对称价格传递可以进一步划分为正的非对称价格传递和负的非对称价格传递。具体来说，正的非对称价格传递是指，价格变化过程中使得利润上升和利润下降，企业对利润上升时的反应慢于对利润下降时的反应（图2-1）；如果企业对前者的反应快于对后者的反应，那么就为负的非对称价格传递（图2-2）。当价格传递关系表现为零售价格向收购价格传递，且为正的非对称价格传递，那么，这对于收购环节的农民来说更加有利；当价格传递关系表现为收购价格向零售价格的传递，且为负的非对称价格传递，那么此时对消费者更加有利。

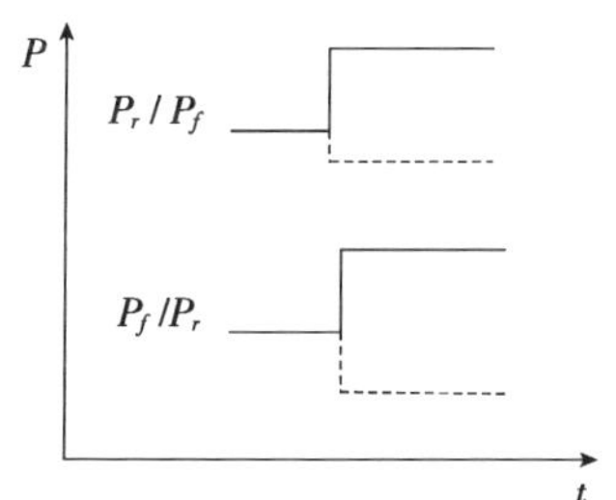

图 2-1　正的非对称价格传递

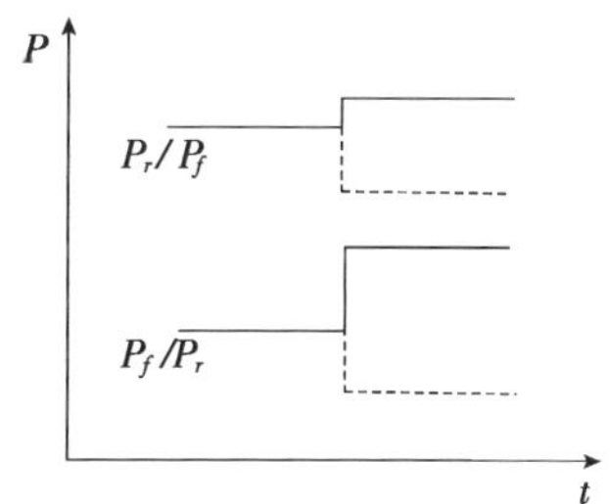

图 2-2　负的非对称价格传递

按照第二种划分标准，产品收购价格（$P_r$）随着产品零售价格（$P_f$）在某时点的上升或下降而变化，或者产品的零售价格随着收购价格在某时点的上升或下降而变化，传递幅度或速度不对称，可以参照图 2-3 来说明。首先，从图 2-3*a* 中可以直观地观察到，传递关系幅度上的不对称是指，零售价格/收购价格上涨和下降时，收购价格/零售价格的上涨和下降的幅度与零售价格的变化幅度不同。其次，图 2-3*b* 中传递速度上的不对称是指，当 $t$ 时期零售价格/收购价格上升时，收购价格/零售价格可能在 $t+1$ 期（或者 $t+2$ 期……）才能上升。图 2-3*c* 表示零售价格和收购价格传递速度和幅度上均不对称。

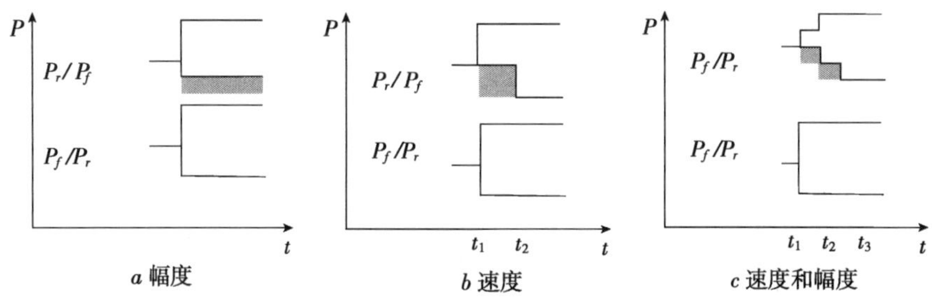

图 2-3 价格传递的非对称性

根据第三种划分依据，价格非对称传递划分为纵向和横向价格的非对称传递。以纵向价格非对称性传递为例，农民和消费者经常抱怨农产品收购价格上升时要比下降时更快和完全地传递到批发价格和零售价格。

根据上述三种划分依据，本书主要关注的是这种非对称价格传递：当零售价格传递到生产环节时，收购价格对上涨和下降的反应不同。具体来说，当零售价格上涨时，收购环节价格上涨幅度较小，而当零售价格下降时，收购价格下降幅度较大。

### 2.2.3 非对称价格传递的影响因素

在本节中，我们主要回顾一些关于对非对称价格传递现象进行解释的文献。而且，主要集中分析纵向关联市场间的价格传递关系。现有文献主要从两方面对此进行了解释，包括非完全竞争市场结构和调整成本，此外，还有其他方面的解释，如政府的政治干预、信息不对称和库存管理等。

**（1）垄断力量**。大部分文献都将非完全竞争的市场结构作为关于非对称纵向价格传递的解释原因。尤其是在农产品市场，在非完全竞争市场结构中，农民和消费者分别处于价值链的始端和末端，加工商和零售商常常被怀疑使用了垄断力量。而垄断力量往往会导致正的非对称纵向价格传递。因此，当投入价格上涨（或者产出价格下降）导致的利润萎缩要比利润增加时传导得更快更充分。

在多数情况下，这个假说看起来是不证自明的，但缺乏严格的理论基础。事实上，垄断力量并不一定会导致正的非对称价格传递。Ward（1982）认为，提高产品价格可能会使得寡头垄断商失去一定的市场份额，他们可能不愿意面临这样的风险，此时市场垄断力量可能会导致负的非对称价格传递。在类似的研究中，Bailey和Brorsen（1989）认为企业面对的是既非凹也非凸的消费曲线，如果企业认为竞争者不会跟着提价但所有竞争者都会跟着降价，那么就会产生负的非对称价格传递；另外一种情况是，如果企业猜测所有竞争者会跟着提价但不会跟着降价，那么就会产生正的非对称价格传递。因此，垄断力量是产生正的非对称价格传递还是负的非对称价格传递，这是无法确定的。

值得一提的是，一些文献在研究垄断力量和非对称价格传递时，主要集中在特定的产品上。Borenstein等（1997）对原油价格向石油价格的纵向传递进行分析，得出结论，在寡头垄断的环境中，汽油零售价格下调粘性会导致正的非对称价格传递。他们假设，其他公司收取的价格并不会被完全公开，即存在不完全的市场信息，原有的产出价格会跟随投入价格的变化而调整。由于利润被压缩，虽然原油价格提高会导致石油销售价格迅速提高，但是，只要公司的市场份额高于整个市场的平均份额就可以使价格维持在高于完全竞争市场时的价格，所以原油价格下降并不会导致石油销售价格下降。与此相关的是，Balke等（1998）考虑寡头企业为了维持较高的利润会结成同盟。在这种情况下，考虑到信誉的重要性，可能会出现非对称价格传递。例如，在原油价格上涨的时候，所有企业将迅速提高石油销售价格，同盟可以维持。但是，当原油价格下降的时候，企业将以较低的销售价格售出从而破坏同盟协议。

还有一些文献分析市场力量的时候，认为非对称价格传递不是由产出价格变化而是由市场需求的变化引起的。有研究指出在双寡头垄断的市场中存在信息不完善，Damania和Yang（1998）强调潜在的惩罚是不对称的原因。在他们的模型中，假定需求在高的国家和低的国家随机波动。如果一家企业认为其竞争对手破坏串通价格，就可以对其进行惩罚。假定惩罚是存在的，企业面临低需求的时候会避开价格下降，但是当面对高需求的时候企业便不再害怕惩罚而使得价格提高。Kovenock 和 Widdows（1998）建立了在寡头竞争市场中没有结盟但有价格领导的模型，因为明确勾结是不可能的，所以低于结盟价格的领导价格比较盛行。当受到需求市场增加的外生冲击后，价格领导者会跟随调整价格，如果不这样，领导—跟随价格与新的结盟价格之间的偏差会增加。当受到需求减少的外生冲击后，企业不会做出任何反应，因为领导—跟随价格会自动接近新的潜在的合谋价格。

总之，许多学者认为垄断力量会导致非对称价格传递。大部分学者预测了市场垄断力量会导致正的非对称价格传递。在完全垄断背景下，这似乎是合理的。然而，现实中更常见的是寡头垄断的情景，正的和负的非对称价格传递都有可能发生，这要取决于市场结构和企业行为。

目前，也有研究开始尝试用实证的办法测试市场力量和非对称价格传递的关系。Neumark 和 Sharpe（1992）发现银行业满足市场集中会导致不对称价格传递。Peltzman（2000）在研究中使用了两个替代变量来表示市场力量：竞争者的数量和市场集中程度，并通过赫芬达尔—赫希曼指数来衡量垄断力量。有趣的是，这两个替代变量对非对称价格传递有相反的影响：随着企业个数的下降非对称性增加，而随着市场集中度的增加非对称性在减少。王秀清等（2007）假设农产品纵向关联市场上存在垄断力量（即在农产品的收购环节拥有寡占买方力量，在农产品、食品企业零售环节拥有寡占卖方力量），同时假定营销企业拥有的规模报酬可变的技术条件，在这两个假设条件下，王秀清等运用均衡移动模型的方法，考察了规模经济和市场垄断力量对纵向关联市场上农业生产者与食品零售商之间价格传递的影响。结果表明，规模报酬和市场垄断力量对价格传递的影响比较复杂，一方面取决于食品需求函数和农产品供给函数的具体形式，另一方面还取决于在外生冲击作用下，食品零售环境和农产品收购环境市场垄断理论变化的相对幅度。洪岚（2009）以北京市为例，分析了粮食供应链上各交易节点的价格联动关系，通过联动滞后不对称分布模型的检验，结果表明，多数成品粮的收购价格、批发价格和零售价格之间存在显著的价格联动关系，在品牌面粉供应链各个交易环节上，还存在不对称的价格行为。同时，研究指出，个别品牌面粉供应链上的价格联动参数有随时间变化明显减弱的迹象，这可能是市场势力迅速增加、供应链结构随经济发展变化而相应调整的结果。杨朝英、徐学英（2011）利用中国生猪价格和猪肉批发价格的月度数据，对生猪与猪肉批发价格之间是否存在信息的非对称传递进行了研究。研究发现，生猪价格与猪肉价格之间存在着长期整合，并且通过价格的非对称传递方式进行短期误差调整。两种价格之间的上行传递和下行传递速度是不一样的；且均对“利空”消息反应更加敏感，即猪肉批发商对生猪价格上涨更加敏感，而生猪养殖者则对猪肉价格下跌更敏感。郭利京（2011）的研究表明，在猪肉纵向产业链中，生猪养殖环节和收购、屠宰加工、批发零售环节等产业链上下游各主体市场势力的差异，是价格传递出现非对称性的主要原因。当外界冲击时，市场势力较强的主体能够阻止对其不利的价格传递，加快对其有利的传递，从而使价格在猪肉纵向关联市场中的传递表现出非对称性。在特定的市场结构下，散养和分散小规模养殖产生的交易成本过高，降低了其能够获得的有利市场价格，加大生猪生产的不稳定性，加剧了生猪及猪肉价格波动的时间和幅度。通过运用描述性统计和农户模型，证实了市场势力和交易成本是影响生猪销售价格差异的重要因素。交易前的信息成本、交易时的谈判成本以及交易后的执行成本等方面的差异，是造成生猪销售价格差异的主要原因。

一般来说，试图测试非对称价格传递和市场垄断力量之间的关系，必须解决两大困难。首先，大部分测算非对称价格传递的实证研究，面临只有一个产品或一个市场的时间序列数据的情况。除非市场垄断力量的变化在所研究的周期是众所周知的，否则分析对比市场力量大小对价格传递的影响是没有依据的，因为处理变量并没有发生变化。绕过这个问题的一个办法是，Peltzman（2000）利用美国不同产品的数据进行了研究。这项研究也表明了一个事实，不同的食品加工行业和零售环节的市场力量在不同国家是不同的（McCorriston，2002）。其次，第二个困难在于，在寻找市场力量的替代变量时，不仅仅是企业数量或者市场集中度，而是能够更加有效地衡量确实引起了非对称价格传递的市场垄断力量变量。在Peltzman（2000）的研究中，用市场集中度和企业数量来衡量市场垄断力量就是我们缺乏找到这种最合适的替代变量的表现。

Peltzman的替代性办法用来测试市场力量和非对称价格传递之间是否有关系，取决于现有研究非对称价格传递的再次统计分析。在已有的研究中，市场垄断力量在不同的产品、行业当中可能是不同的，但这样的办法可能并不是有效的。首先，在现有文献中，市场力量并不是影响价格传递的唯一变量。尤其需要注意的一点是，用来测试非对称价格传递的实证分析方法在不断变化，我们有理由相信已用过的实证办法会影响找到非对称价格传递的可能性。将市场力量与影响价格传递的其他变量进行分离是一个难题。其次，市场力量在过去研究非对称价格传递中并没有引起争议，甚至，在实证分析中，并不是所有作者提供的数据，都可以提取一个关于市场力量统一的衡量指标。最后，找到一个合适的衡量市场力量的指标仍然是个问题。

**(2) 农产品的易腐特性**。Ward（1982）研究了从农产品批发环节价格向零售环节价格传递的情形，结果发现，当批发环节价格上涨的时候，零售环节价格上涨的幅度较小，而当批发环节价格下降的时候，零售环节价格下降幅度较大。对此，Ward的解释是，由于农产品具有易腐特性，当批发价格上涨时，如果下游零售商跟随提高价格可能会降低市场需求，从而降低农产品销量、增加产品腐烂的概率，这就产生了所谓的调整成本，因此会导致零售环节的非对称价格传递。Brooker等（1997）以9种生鲜蔬菜为例，研究了从批发价格到零售价格的传递，结果发现，随着批发价格的变化，零售环节对价格提高的调整快于价格降低时的调整。HASSA（2001）研究了法国的西红柿和菊苣两类生鲜蔬菜的价格传导关系，结果发现，与一般的理论认为收购价格上涨会迅速传递到零售环节不同，收购价格上涨并不会完全传递到零售环节，他给出的可能的理由是Ward提出的易腐特性导致的。上述理论突破了传统上从市场结构角度解释非对称价格传递的局限，从产品特性角度解释农产品的非对称价格传递现象，这提供了更加多元化的视角。

但Ward的理论也受到了诸多挑战。Renwick和VanSickle（1998）认为在现代营销体系中，零售环节可以直接采购农产品，同时随着贮藏农产品的技术提高，大大减少了农产品的易腐烂的问题。Girapunthong等（2003）认为随着零售环节直接采购和贮存产品技术的提高，历史上批发市场从生产商购买产品然后出售给区域的超市和食品零售企业的现象不再存在，批发市场不再是生产者和消费者之间的首要环节，批发市场已经失去了价格领导作用。且他们的研究发现，面对农产品收购价格的上涨和下降，批发市场价格对下降的反应要慢于对上涨的反应。

由上述可知，许多学者从产品特性角度解释了零售环节的市场主体在面对价格变化时所做出的不对称的反应，但是还鲜有研究从产品特性角度对生产环节的市场主体在面对价格变化时所做出的不对称的反应进行解释，且这方面的实证研究也比较缺乏。

**(3) 调整成本**。在理论界，一个主要解释非对称价格传递的理论是调整/菜单成本理论，即当企业改变投入品或者产出品的价格和产量时产生的调整成本。如果在面对价格或产量上升和下降时调整成本是不对称的，那么就会产生价格的非对称传递。在价格变化的过程中，调整成本也被称为菜单成本。Levy 等（1997）、Dutta 等（1999）提供了最近美国零售市场的菜单成本统计结果，研究结果表明，调整成本和菜单成本是相关的，平均来看，调整成本占据净利润的 27%～35%。

对于美国牛肉市场，Bailey 和 Brorsen（1989）的研究显示，与奶牛饲养场不同，奶牛加工厂面临着较大的固定成本。短期来说，为了使工厂维持运行，可能会导致利润缩减。因此，不同奶牛加工厂竞争的结果是，奶牛加工厂对农户价格上升比农户价格下降时反应更快（负的非对称价格传递）。与 Bailey 和 Brorsen 研究结果不同的是，Peltzman（2000）举了正的非对称价格传递的例子，对于一个企业来说，当产量下降的时候减少人工比产量增加的时候重新雇用人工更加容易。因为雇用人工的投入会带来搜寻成本和人工成本的上升。

Ward（1982）认为经营易腐农产品的零售商，因担心提价会降低市场份额并带来产品腐烂，因此并不会提高价格，这会导致负的非对称价格传递。Ward 的解释受到 Heien（1980）的挑战，Heien 认为相对于较长包装期限的产品来说，改变易腐产品的价格根本不是问题，因为对于具有较长包装期限的产品来说，改变其价格会产生更高的时间成本，并带来荣誉的损失。Heien 的理论回应了所谓的菜单成本理论，这一假说是由 Barro（1972）首次提出的，改变名义价格而产生的费用（例如重印价格表单或目录、通知市场合作伙伴的成本）。Ball 和 Mankiw（1994）开发了基于与通货膨胀结合的菜单成本的不对称模型。在这个模型里，正的通货膨胀冲击比负的通货膨胀冲击更容易导致产出价格的调整。这是因为，在通货膨胀条件下，能够降低实际价值的通货膨胀自动执行了由投入价格降低带来的必要调整。Buckle 和 Carlson（2000）在新西兰用一组商业调查数据找到了支持这一假说的证据。Peltzman（2000）并没有找到菜单成本和非对称价格传递相关的证据，但他所列出的一组数据表明，在那些分散的供应链体系中存在着广泛的不对称现象，而这些供应链一般被人们认为是具有较高的菜单成本。

库存管理是企业应对外生冲击并因此进行调整的重要部分，有时可能被认为是造成非对称价格传递的原因。例如，Balke 等（1998）的研究显示，如“先入先出”的会计处理方法可以导致非对称价格传递。Blinder（1982）设计了一个模型，限制了非负的库存约束，结果产生了正的非对称价格传递。

Reagan 和 Weitzman（1982）认为，在需求低迷时期，企业将调整产量和增加库存而不是降低产出品价格；另一方面，在需求旺盛时期，企业会提高价格。由于厌恶缺货，在低库存和高库存时期产生的非对称的储存成本，会产生正的非对称价格传递。

总之，以调整成本理论来解释非对称价格传递产生了一些模糊的，甚至有些时候相互矛盾的结果，一些学者提供的证据表明调整成本可能会带来正的非对称价格传递，有些学者的研究表明调整成本带来负的非对称价格传递。不过可以确定的是，调整成本在一定程度上都是真实的，任何由它引起的非对称价格传递都会导致福利的转移，这为政府的干预提供了理由。这就是为什么被指责运用垄断力量而导致非对称价格传递的企业经常辩解道，其实调整成本应该担负真正的责任。

**(4) 产业政策**。以地板价格形式的价格支持方式非常常见，尤其是在农业领域。Kinnucan 和 Forker（1987）认为，价格下降可能会引起政府干预，而收购价格的提高可能是一种较为长久的形式，如果政府干预使得批发或零售商认为价格下降只是暂时现象，那么这样的政治干预可能会导致价格的非对称传递。徐小华和吴仁水（2010）对生猪价格和玉米价格之间的动态关系进行了研究，发现两者呈正相关关系，玉米价格是生猪价格变化的 Granger 原因。恩格尔—格兰杰协整检验表明，生猪价格和玉米价格存在线性协整关系，Enders-Siklos 检验表明，两者之间存在有明显的惯性长期均衡关系，猪粮价差减少时的调整速度比猪粮价差增加时的调整速度快。价值规律的作用、政府的不同应对措施和生猪生产过程的特点等，是这些现象产生的主要原因。最后，文章提出了改进生猪市场价格统一信息平台、普及相关信息到基层猪农和广大消费者，以形成良好的市场预期；在影响肉价及引导猪农决策的时候充分考虑肉价、粮价之间的非对称调整等建议。

**(5) 农产品供给弹性和食品需求弹性**。针对零售价格的变化，农产品收购价格变化幅度与农产品供给弹性密切相关；反之，针对农产品收购价格的变化，食品零售价格的变化幅度与食品零售需求弹性密切相关。Kinnucan 和 Forker（1987）、Cramon-taubadel（1998）在 Gardner（1975）开发的模型框架内考察了价格的非对称传递。在这个模型里，农户价格和零售价格之间的差额取决于零售需求曲线和农户供给曲线的移动程度。在完全竞争和规模报酬不变的假设条件下，Gardner 推导出，需求市场需求曲线移动比供给市场供给曲线的移动对农户—零售价差的影响更大。Kinnucan 和 Forker（1987）认为这种差别会导致非对称价格传递。然而，Cramon-taubadel（1998）指出，只有其中的供给移动或者是需求移动恒久保持正或者负，才会发生非对称价格传递，例如，供给或者需求移动的分布是歪斜的；否则在每个方向会有同样较大的需求主导的外部冲击事件（或者较小的供给冲击）。关于这点，欧洲的牛肉市场可以作为一个例子，由于欧洲食品安全市场对消费市场造成的负面冲击已经很常见，在 Gardner 的模型中，结果应该是向下倾斜的价格变动下发生的传递的优势。

**(6) 交通运输条件**。王秀清等（2007）指出，交通运输业发展的相对滞后常常导致在市场之间难以及时调度农产品；短期内营销投入品供给缺乏弹性也容易导致农产品价格上涨或下降幅度的加剧，因此会产生非对称价格传递。

**(7) 中间流通环节的市场预期**。Weinhagen（2005）、Frey 和 Manera（2007）研究工业品价格传递特征的结果表明，当特定的外生冲击造成 CPI 不断攀升的时候，市场对未来的预期可能会显著影响原材料以及工业产品等的定价，从而形成下游价格倒逼上游价格的情况。已有关于价格传递的研究中，均忽视了中间流通环节的作用，中间流通环节的需求属于派生需求，其目标是在市场价格不确定情况下的利润极大化。当零售价格上涨时，中间流通环节预期价格会进一步上涨，中间流通环节的需求会增加，从而推动价格的进一步上涨；当零售价格下降的时候，中间流通环节预期价格还会进一步下降，中间流通环节的需求减少，从而推动价格进一步下跌。关于市场预期对农产品价格传递的实证研究并不多见，尤其是中间流通环节的市场预期可能是学者们在未来关注的一个主要研究方向。但是，中间流通环节的市场主体的预期对非对称价格传递的影响方向并不确定。

### 2.2.4 非对称价格传递对福利的影响

一般来说，非对称价格传递会给生产者和消费者造成福利的损害。当非对称价格传递发生在生产环节，且是负的非对称价格传递的状况时，此时对生产者不利，即生产者无法在价格上涨中相应增加收入，但在价格下降中承担了较大的风险。当非对称价格传递发生在零售环节时，且是正的非对称价格传递的状况时，此时对消费者不利，即当价格上涨时零售价格上涨得更快，而价格下降时零售价格下降得较慢（Meyer 等，2003）。

已有研究对非对称价格传递导致的生产者福利进行了实证研究，结果显示，农民、批发商和零售商之间，存在由市场势力造成的风险转移。Kuwornu

等（2004）评估了荷兰马铃薯制品供应链中农民和营销企业所面临的价格和收入风险变化趋势，1946—1996年，尤其是自1975年开始，种植马铃薯的农户所承担的价格和收入风险逐步上升。而在同一时期，营销企业承担的价格和收入风险却减少了，并在1985年达到最低水平。营销企业已经将价格和收入风险转嫁给了农民。第二次世界大战后供求关系的变化，以及批发和零售商议价能力的提高，导致了收入风险的转移，但这种转移是以牺牲农民的利益为代价的。郭利京（2011）以我国的生猪市场为例，测算了由非对称价格传递导致的生猪贩子和生猪生产者的福利分配情况，结果发现，生猪贩子的收益始终是养殖场（或户）生产剩余价值中截取的一部分。在生猪收购市场上，贩子的出现造成了猪肉产业链上各主体之间的分配进一步不均，养殖场（或户）处于较低盈利水平甚或亏损状态，加大了生猪生产不稳定的风险，导致生猪及猪肉价格波动的幅度和时间不断被扩大和延续。

也有研究指出，在出现非对称价格传递后，消费者无法从降价中获得好处。耿红莉（2006）指出，一定区域内的超市特别是连锁超市，如果具有一定程度的垄断或寡占力量，而且有能力阻止消费者套利，那么就可以通过价格歧视方式掠取更多的消费者剩余，从而严重损害消费者的利益。超市可根据对消费者信息的掌握程度，采取完全价格歧视、三级价格歧视及各种非线性定价方式来获取消费者剩余。尽管国内学者已经开始对其进行多角度的观察与分析，但总体而言，除少量有关超市消费者购买行为的研究运用了计量经济分析手段以外，国内有关超市问题的研究基本上处于以定性描述为主、以定量分析为补充的阶段。

## 2.3 非对称价格传递的研究方法回顾

对于验证是否存在非对称价格传递以及非对称的程度，需要设定恰当的实证模型。除了农产品领域，应用于金融市场、石油市场的非对称价格传递的文章也有很多，因此测算的方法多种多样。总体上可以将已有的检验方法归为两类：第一种，是建立在价格整合之前基础上的模型；第二种是建立在价格整合基础上的模型与方法。

### 2.3.1 价格未进行整合的研究方法

为了便于讨论，在以下分析中，笔者用 $P_t^{out}$ 表示时期 $t$ 产出品的价格，$P_t^{in}$

表示时期 $t$ 投入品的价格，假设由投入品价格 $P_t^{in}$ 的冲击引起产出品价格 $P_t^{out}$ 变化（现实经济中，同样存在产出品价格 $P_t^{out}$ 变化引起投入品价格 $P_t^{in}$ 变动）。假设价格传递是对称的和线性的，价格传递公式可以表示为

$$P_t^{out} = \alpha + \beta_1 P_t^{in} + \mu_t \tag{2-1}$$

但在实际情况中，当面对投入品价格上升时的波动和下降时的波动这两种情况时，产出品价格受到的冲击往往不是对称的，而式 2-1 并不能检验这种现象。Tweeten 和 Quance（1969）将上述方程加入虚拟变量弥补了其不足

$$P_t^{out} = \alpha + \beta_1^+ D_t^+ P_t^{in} + \beta_1^- D_t^- P_t^{in} + \varepsilon_t \tag{2-2}$$

式中，$D_t^+$ 和 $D_t^-$ 是虚拟变量，当 $P_t^{in} \geqslant P_{t-1}^{in}$，且 $D_t^+ = 0$ 时，$D_t^- = 1$；当 $P_t^{in} \leqslant p_{t-1}^{in}$，且 $D_t^- = 0$ 时，则 $D_t^+ = 1$；通过虚拟变量的设置，投入品价格被分为两个变量，一个仅包括上涨时的价格变量，一个是下降的价格变量。通过上述表述看到，式 2-2 估计了投入品价格的两个调整系数，而不是式 2-1 中的一个。这里 $\beta_1^+$ 表示投入品价格上涨变量的估计系数，$\beta_1^-$ 表示投入品价格下降变量的估计系数；若 $\beta_1^+$ 和 $\beta_1^-$ 统计上显著不相等，就可以拒绝对称性价格传递，这可以用 F 检验进行验证。

在随后的年份里，Tweeten 和 Quance 的方法被学者广泛地应用于验证价格的非对称传递。随后，有学者对此做出了改进，Wolffram（1971）采用了其他的变量分裂技术，在估计的方程中明确地加入了变量的下一阶差分

$$P_t^{out} = \alpha + \beta_1^+ (P_0^{in} + \sum_1^T D^+ \Delta P_t^{in}) + \beta_1^- (P_0^{in} + \sum_1^T D^- \Delta P_t^{in}) + \varepsilon^t \tag{2-3}$$

式中，$\Delta$ 表示一阶差分运算。这样的话，投入品价格的上涨变量和下降变量作为被解释变量均被列入式 2-3 中了。

与 Wolffram 的设计方法相似，Houck（1977）提出了一种改进的设计方案，但是操作起来更加清晰。与式 2-3 不同的是，式 2-4 没有将数据的原始值考虑进去作为解释变量，因为如果考虑价格上涨和下降的不同效果时，将数据的原始值放入方程中是没有独立的解释力的。因此，解释变量应该用差分后的数据来表示，即用 $P_t^{out^*}$ 表示，即 $P_t^{out^*} = P_t^{out} - P_0^{out}$。

$$P_t^{out^*} = \alpha t + \beta_1^+ \sum_{t=1}^T D^+ \Delta P_t^{in} + \beta_1^- \sum_{t=1}^T D^- \Delta P_t^{in} + \varepsilon_t \tag{2-4}$$

同时，Houck 也提出了另一个方程，如式 2-5 所示，并没有将一阶差分以外的变量包括进来，而仅仅包括一阶差分的 $P_t^{in}$ 的上涨和下降变量。

$$\Delta P_t^{out} = \alpha + \beta_1^+ D^+ \Delta P_t^{in} + \beta_1^- D^- \Delta P_t^{in} + \gamma_t \tag{2-5}$$

Ward（1982）通过加入外生变量的滞后期扩展了 Houck 的设计方法

$$\Delta P_t^{out} = \alpha + \sum_{j=1}^{K}(\beta_j^+ D^+ \ \Delta P_{t-j+1}^{in}) + \sum_{j=1}^{L}(\beta_1^- D^- \ \Delta P_{t-j+1}^{in}) + \gamma_t \qquad (2\text{-}6)$$

式 2-6 中的滞后期 $K$ 和 $L$ 可以不同，因为没有先验信息预期价格上升和下降阶段的价格传递是相同的。

### 2.3.2 价格整合基础上的研究方法

在著名的蒙特卡洛实验中，Granger 和 Newbold（1974）描述了由随机的和由非平稳、高度自相关的时间序列数据非独立变量进行回归，会导致结果在0%～5%的显著性水平上拒绝原假设，远远超过了在 5%以上的显著性水平上拒绝原假设。换句话说，方程中包含非平稳变量（或者非独立变量），虽然结果可能会非常显著，但是实际的意思是可能二者并不存在真正的因果关系。自那以后，计量经济学家开发了测试非平稳变量和避免伪回归的办法。这些方法和非对称价格传递有密切关系，因为价格的时间序列数据都可能存在非平稳、伪回归等问题。

首次用协整技术测试非对称价格传递的是 Cramon-taubadel 和 Fahlbusch（1994），接着由 Cramon-taubadel 等（1996）、Cramon-taubadel（1998）进行了进一步的完善。Cramon-taubade 等（1996）指出，在上述方程中，如果这些检验没有考虑到价格序列的非平稳性，那么在非对称的价格传递检验中，可能会极大地存在伪回归的可能性。他们认为非平稳的时间序列 $P_t^{in}$ 和 $P_t^{out}$ 两列数据存在相关的情况下，由非对称调整公式拓展而来的误差修正模型 $ECM$，为测试非对称价格传递提供了更为适合的办法。

通过这一办法，首先来估计一下式 2-7。如果测试证明了式 2-7 不是一个虚假回归，那么 $P_t^{in}$ 和 $P_t^{out}$ 可以被看作是协整的，且式 2-7 中可以将这两者之间存在长期的均衡关系。第二步，随着 $P_t^{in}$ 变化而发生改变的 $P_t^{out}$ 的 $ECM$ 项和误差修正项（$ECT$）就可以被估计出来。$ECT$ 衡量了 $P_t^{in}$ 和 $P_t^{out}$ 长期均衡关系的偏差项，因此，在 $ECM$ 中，不仅包含了 $P_t^{out}$ 对 $P_t^{in}$ 的变化所做出的反应，而且也包括了前一期偏离了长期均衡后的“修正”项。将误差修正项分离成正的变量和负的变量（比如，正向偏离和负向偏离分别记做 $ECT^+$ 和 $ECT^-$）。$ECM$ 项，包含了 $P_t^{in}$ 的滞后期的变化，具体方程如下

$$\Delta P_t^{out} = \alpha + \sum_{j=1}^{K}\beta_j \Delta P_{t-j+1}^{in} + \phi^+ \ ECT_{t-1}^+ + \phi^- \ ECT_{t-1}^- + \gamma_t \quad (2\text{-}7)$$

Cramon-taubadel 和 Loy（1996）认为式 2-7 中的 $\Delta P^{in}$ 也可以分离为正向和负向，由此转化为更复杂的方程，如下所示

$$\Delta P_t^{out} = \alpha + \sum_{j=1}^{K}(\beta_j^+ D^+ \ \Delta P_{t-j+1}^{in}) + \sum_{j=1}^{L}(\beta_j^- D^- \ \Delta P_{t-j+1}^{in})\phi^+ \ ECT_{t-1}^+ + \phi^- \ ECT_{t-1}^- + \gamma_t \quad (2\text{-}8)$$

Cramon-taubadel 和 Fahlbusch（1994）利用式 2-7 研究了德国北部猪肉纵向价格，生产者和零售价格间的非对称传递，利用式 2-8 研究了世界小麦市场横向的非对称价格传递。Scholnick（1996）也运用误差修正模型检验了利率的非对称调整。Balke 等（1998）、Frost 等（1999）也借用了非对称误差修正模型的变种。

在式 2-7 和式 2-8 中，需要考虑两点制约条件。第一，Enders 等（1998）和 Enders 等（2001）建立了标准的非平稳测试办法允许非对称调整。这在不用保持对长期均衡对称调整的假设下，使得协整分析成为可能。这纠正了 Cramon-taubadel 和 Fahlbusch（1994）开发的两步法模型中一个潜在的矛盾（无效推理）。因为，第一步，在式 2-7 中发现 $P_t^{in}$ 和 $P_t^{out}$ 并不是协整的，这实际上基于这样一个事实：两步法是建立在对称调整的假设之上的。Abdulai（2000；2002）研究瑞士猪肉市场就运用了两步法的研究框架。第二，式 2-7 和式 2-8 均是建立在线性误差修正（如 $\phi^+$ 和 $\phi^-$ 是固定的参数）的基础之上，而不考虑偏离的程度。Cramon-taubadel 等（1996）考虑了非线性的 *ECT* 项，将多阶的 *ECT* 放入 *ECM* 方程式中，用这些方程，他发现欧盟猪肉市场的横向价格传递对非线性的 *ECM* 提供了重要的证据，尤其是较小的 *ECT* 值和较小的 $\phi$ 值非常相关。

### 2.3.3 其他方法

在农业经济学以外，还能找到大量研究非对称价格传递的综合方法。比如，Carlton（1986）将对非对称价格传递的度量建立在完全描述性的基础上。他声称，在负的非对称价格传递的情况下，正的价格变化的最小数应该小于负的价格变化的最小数。近期关于银行部门的非对称调整研究，包括了建立在合理分布滞后和局部调整模型为基础的更为复杂的测试。这方面的研究有 Hannan 和 Berger（1991）、Neumark 和 Sharpe（1992）、Jackson（1997）。

以上提到的测试技术现在仍在测试非对称价格传递的文章里广泛使用；在

许多实践者取得广泛意见基础之上的计量方法的进步是没有什么意义的。比如，近期的出版物仍在使用“整合前”的办法（例如，Willett 等，1997；Peltzman，2000；Aguiar，Santana，2002）。虽然时间序列数据在不断地完善，如协整分析、误差修正等模型更为细化，但是对于其他方法是否已经过时或者被抛弃仍然没有达成统一意见。

## 2.4 启示

综上所述，在“顺向”价格传导和“逆向”价格传导两大不同的传导路径下，现有文献对非对称价格传递的研究更趋细致，对非对称价格传递影响因素从调整成本、产业政策、农产品的供给弹性和需求弹性、交通运输条件、中间流通环节的市场预期、市场的垄断力量方面都做了详细的探讨；此外，对非对称价格传递的研究方法的讨论也更成熟，涉及的产品面越来越广。如图 2-4，现有研究已经取得了很多有价值的成果，他们对本书有以下几点重要启示。

首先，本书探讨的前提是，从零售价格到收购价格的传递。在“顺向”价格传导和“逆向”价格传导两大不同的传导路径下，农产品的非对称价格传递特征可能会明显不同。但是，现有的实证研究没有对价格传导路径进行明确限制，只有先明确了分析前提是由上游价格到下游价格的传导，还是由下游价格到上游价格的传导，才能更好地解析非对称价格产生的原因。

其次，现有研究忽视了农产品的易腐特性会加剧市场垄断力量的对比程度，从而会使不同产品价格传递的非对称程度存在差别。在现实市场中，非对称价格传递可能是多种因素综合作用的结果，研究非对称价格传递的原因远非理论中描述得那么简单，将其中一种因素进行剥离也比较困难，需要结合具体的产品进行综合分析。本书将以上几大因素进行梳理和归纳后，重点查看易腐性如何影响非对称价格传递。

最后，非对称价格传递导致农民收益受损，在易腐性影响非对称价格传递得以证实的前提下，政府在贮藏方面加大支持力度，可以提高农户的议价能力，并降低农产品价格传递的非对称程度。但在现实中，针对易腐农产品贮藏的政府支持政策类型多样，哪些政策的实施效果比较明显还缺乏实证研究。本书将在微观调研的基础上，对现有关于易腐农产品损耗控制措施的实施效果进行实证检验，从而为制定政策提供更为可靠的科学依据。

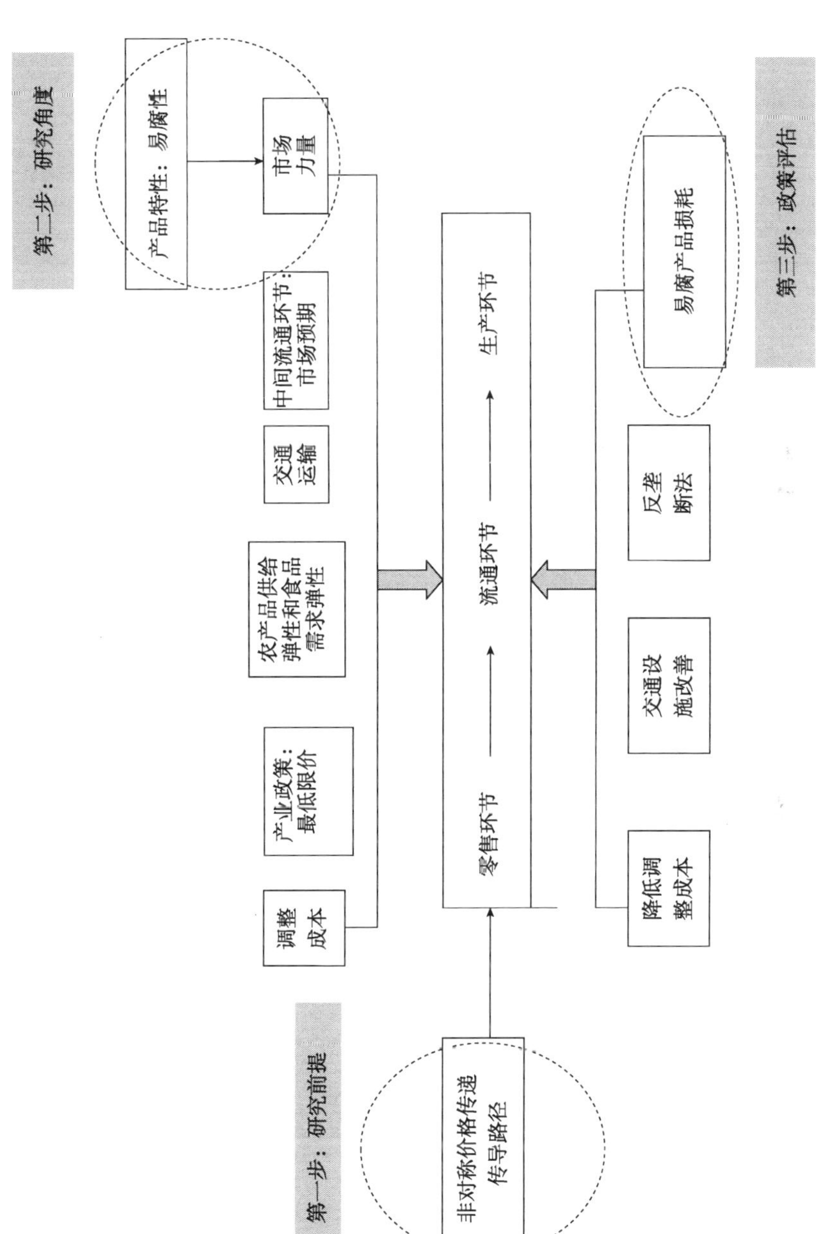


图2-4 非对称价格传递传导路径研究路线

# 3 分析框架、研究方法与数据

本章沿着“研究前提—研究角度—政策评估”的路线对全书的分析框架进行介绍。首先明确非对称价格传导路径，在明确价格传导是由零售环节传导到收购环节的前提下，进一步从农产品易腐特性角度探讨非对称价格传递产生的原因，在这个研究视角下，本书最后对目前易腐产品贮藏的政府支持政策的实施效果进行了评估，从而为全书的研究奠定了分析框架。在此基础上进一步阐述本书的分析方法及其使用的数据说明。

## 3.1 分析框架

### 3.1.1 假定条件

（1）本书限定的时间范围为农产品生产收获供应期间，在一个收获供应期间的总供应量是不变的。

从短期来看，农产品具有周期性收获、连续性消费的特征，为了使农产品纵向关联市场间收购价格与零售价格是一一对应的，本书将时间范围限定为农产品的生产收获供应期间。具体收获供应期的长短根据不同的产品有所差异。

（2）农产品纵向关联市场上，中间流通机构具有一定的垄断力量。

在现实中，我国农产品流通环节的垄断力量来自于两方面：一是中间的流通机构需要在物流技术、设备上增加投入，这产生了资金门槛；二是我国农产品价格波动比较大，流通环节承担较高风险，经营结果的不确定性，会降低其他企业进入的意愿，同时也会提高流通企业对利润的要求，来补偿其所承担的风险。

(3) 中间流通机构具有较好的库存调整能力。

我国农产品的中间流通机构均具有较先进的冷链设施、设备和良好的库存调节能力，这些企业往往有能力贮藏农产品，尤其是易腐的产品，使得具有季节性供应的农产品能够满足消费者常年消费的要求。

以上假定基本符合我国农产品市场的实际情况，通过上述假定使得复杂的市场更加简化，有助于更好地分析问题，同时也为下文做了铺垫。

### 3.1.2 农产品纵向关联市场间价格传导路径

本书研究的非对称价格传递是指，当零售价格上涨时，收购价格上涨幅度较小，而当零售价格下降时，收购价格下降幅度较大的现象。在研究导致这种非对称价格传递的影响因素之前，需要首先明确上述由零售价格传导到收购价格的传导路径是存在的，这构成研究非对称价格传递因素的前提条件。按照价格传导理论，农产品纵向价格传导路径既可能表现为从上游的价格传导到下游的价格，也可能表现为从下游的价格传导到上游的价格。但在某个特定时期，以及对于特定的产品而言，某个环节可能会在纵向关联市场上占据主导地位，那么农产品的价格传导路径也会以确定的形式表现出来。因此，需结合我国的阶段性发展特征和农产品的产业特性进行综合分析。

本书遵循这样的思路：对于果蔬供给来说，近年来随着技术进步和“菜篮子”工程的推进，果蔬生产量不断增加，同时进口增多，上述几个因素使得果蔬供给品种更加丰富和多元化，总体来说，果蔬的供给已经比较充分；对于果蔬需求来说，随着居民收入的提高，人们对产品质量、规格和安全水平的要求越来越高，下游企业可以直接面对这些不断变化的消费需求，从而将这些季节性、质量方面的需求贯彻到上游生产环节。因此，就目前而言，在果蔬纵向关联市场上，果蔬的下游环节可能占据更加重要的地位，价格传递的形式也会表现为下游价格带动上游价格的变化。具体如图 3-1 所示。

### 3.1.3 易腐特性对价格非对称传递的作用机制

在上述明确价格传导路径是由零售价格向收购价格的传导之后，此处进一步分析在完全竞争条件下、中间流通环节存在垄断力量的条件下、在垄断力量的基础上进一步考虑农产品易腐特性这三种不同情况下，零售价格上涨和下降时，收购价格上涨和下降的反应有何不同。

对于零售环节来说，零售市场的供给主要来源于以下几个方面：一是上游

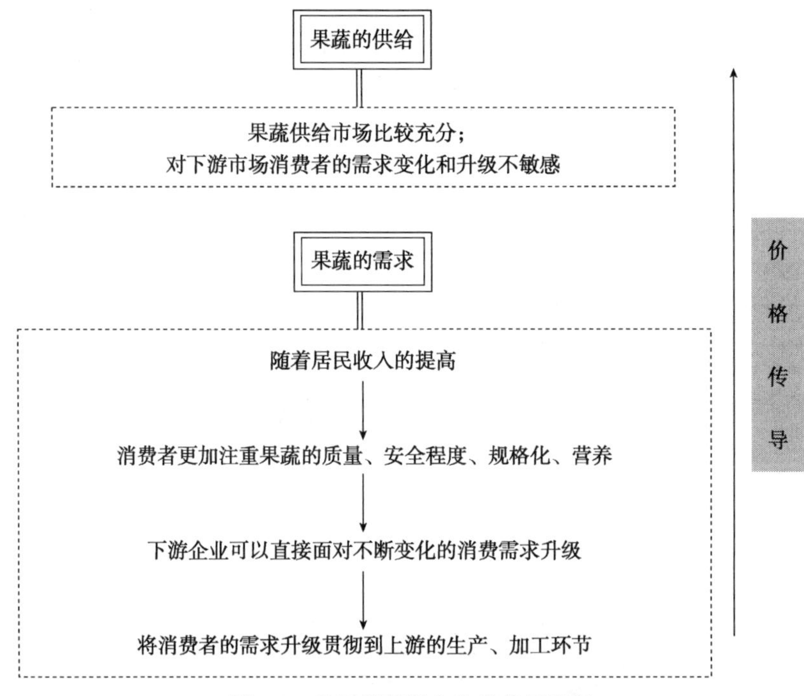


图 3-1　我国果蔬纵向价格传导路径

环节的生产；二是农产品进口；三是企业库存；四是不同区域之间调节余缺；农产品的需求则容易受到以下外部冲击的影响：食品安全、疫病、金融危机、出口产品的贸易壁垒等不确定事件。零售价格的变化通过中间流通环节并进一步传递到生产环节。

(1) **在农产品纵向关联市场各个环节均为完全竞争的条件下**。当受到外部冲击事件的影响时，如食品安全事件的发生可能会导致需求迅速下降，农产品销售价格下跌，这会使得零售环节市场对上述四个方面的需求均会减少；当零售价格下跌时，中间的流通机构（如批发商、加工商）的利润减少，因此中间商会减少对上游农产品的收购；当中间流通环节对生产环节的产品收购减少时，由于生产环节的供给数量短期无法调整，因此这会导致生产环节价格的大幅下降。同理，当零售价格上涨的时候，中间流通机构的利润增加，此时这些中间商会增加对农产品的收购；对于生产环节来说，对农产品的需求增加，生产环节的供给数量短期内仍然无法改变，会使价格呈现大幅上涨的趋势。因此，在完全竞争条件下，零售价格上涨和下降时，收购价格上涨和下降的幅度都更大。

**（2）在中间流通环节存在垄断力量的条件下**。当零售价格上涨的时候，中间商有利可图，会增加对农产品的收购，但其可以利用其垄断力量向农户压价，因此使得农户价格上涨幅度较小。而当农产品销售价格下降时，这使得中间流通机构（如批发商、加工商）的利润减少，此时中间商不仅会减少对农产品的收购，还可能会向农户压价，使得农产品的收购价格下降幅度更大。因此，在农产品中间流通环节存在垄断力量的条件下，农产品市场会出现非对称价格传递。

**（3）在垄断力量的基础上进一步考虑农产品具有易腐特性的条件下**。由于有些农产品具有易腐、易烂特性，如果农户生产出来的产品不在短时间内售出，那么产品可能会变质、腐烂，这会给农户带来较大的损失，因此易腐产品对交易时间要求严格，这使得农户在议价中处于更加弱势的地位，而中间的收购商则可以借此机会向农户压价，其垄断力量也越强。因此可以说，农产品的易腐特性加剧了垄断力量的对比程度，使得易腐的农产品比不易腐的农产品价格的非对称传递程度更大。

综上所述，结合图 3-2，我们可以更清晰地看到易腐性对价格非对称传递作用的过程：

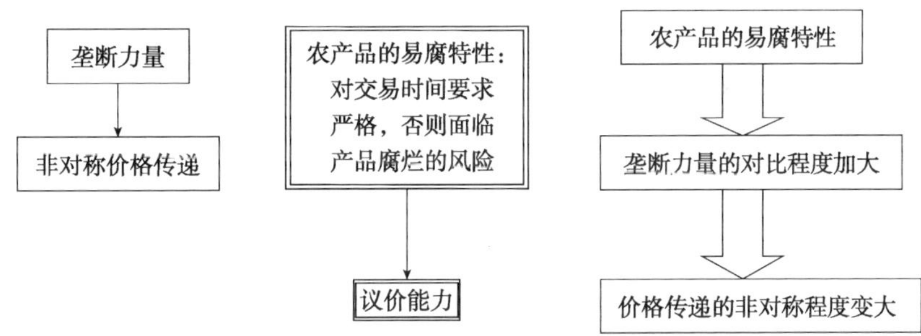


图 3-2　非对称价格传递产生的机理分析

为了更加清晰地看到易腐产品和耐贮藏产品之间议价能力的区别，进而导致非对称价格传递特征的差异，我们进一步利用表 3-1 对此进行阐述。如表 3-1所示，当零售价格上涨的时候，对上游生产环节的需求增加了 100 个，由于生产环节受到上一期市场价格的影响，其生产出来的产品增加了 120 个。对于经营易腐农产品的农户来说，由于对产品交易时间有严格要求，产品贮藏时间越久腐烂的也越多，可以认为易腐产品的库存为 0，其向市场提供的产品数量是 120 个，这时农户的议价能力较弱，因此当零售价格上涨的时候，农产品收购价格上涨幅度可能较小；同理，当零售价格下降的时候，收购商可以转而收购其他产品从而使得生产环节的价格下降幅度更大。而对于经营耐贮藏的农产品者来说，按照最理想的状态，农户可以将多余的20个数量的产品贮藏起来，等待其他时机出售产品，这时当零售价格上涨的时候，收购环节价格上涨的幅度可能就会较大。

**表 3-1 经营易腐程度不同产品的农户向市场提供的产品数量**

单位：个

| 产品类型 | 零售环节 | 生产环节 | | |
|---|---|---|---|---|
| | 零售环节增加的数量 | 多生产的数量 | 库存 | 向市场提供的数量 |
| 耐贮藏农产品 | 100 | 120 | 20 | 100 |
| 易腐农产品 | 100 | 120 | 0 | 120 |

由此可见，由于有些农产品易腐烂、不耐贮藏，对交易时间要求严格，这大大降低了农户的谈价议价能力，也更有利于中间商对农户进行压价，因此，对于易腐农产品来说，当零售价格上涨的时候，农产品收购价格上涨幅度更小，而当零售价格下降的时候，农产品收购价格下降幅度更大。

易腐性最主要的表现形式可以从以下两个维度予以说明：一方面是不同品种之间易腐程度不同，与大部分蔬菜相比，大豆、稻谷等粮食作物可能相对容易贮藏；同样是蔬菜产品，土豆就比黄瓜耐贮藏。另一方面，农产品的易腐性还体现为同一产品在不同时间或者不同的技术条件下，易腐程度不同，例如冬天的黄瓜与夏天的黄瓜相比，显然是夏天的黄瓜更容易腐烂，而冬天的黄瓜更耐贮藏。因此，有必要从不同品种的比较、同一品种的不同时期进行比较两个角度去分析易腐性对价格传递的影响，具体如图3-3所示。

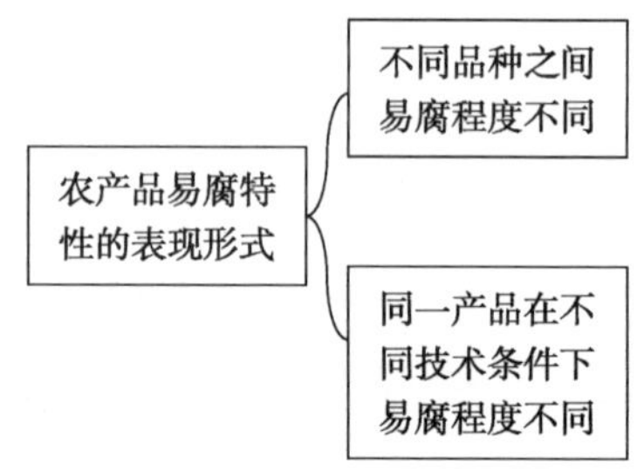


图 3-3 农产品易腐性的表现形式

### 3.1.4 易腐产品贮藏的政府支持政策实施效果评估

非对称价格传递的现象使得农户总处于“收益受损”或“被剥削”的状态，如果上述研究得以证实，那么种植易腐农产品的农户比种植耐贮藏农产品的农户的收益受损程度会更大。这给政府等相关部门出台针对易腐产品贮藏的支持政策提供了空间。目前，针对易腐农产品，我国政府开始更加重视对农产品贮藏方面的支持，政府支持政策类型也更加多样化；但对当前不同类型支持政策的实施效果，缺少定量分析。

本书遵循这样的思路，首先将现有易腐农产品贮藏的政府支持政策进行分类，主要包括以下两个方面：一是政府支持提供贮藏方面的设施建设；二是政府支持鼓励发展多元化的科技服务推广渠道。其次，从农户微观角度进行实证研究，这可以更好地说明，就我国当前而言，哪些政策的实施措施效果更加明显，不同的政府支持政策的实施效果有何区别，由此可以更好地说明，现有的政策措施更需突出重点，也更需具有针对性，从而为优化政府政策措施提供可靠的依据。

## 3.2 研究方法

### 3.2.1 时间序列的平稳性检验

在实际问题中，当我们取得价格时间序列的样本数据时，首要的问题是判断它的平稳性。常见的时间序列的平稳性检验方法有如下四种：利用散点图进行平稳性判断、利用样本自相关函数进行平稳性判断、单位根检验、ADF 检验。相比图形判断，统计检验会更为准确，也更加重要。单位根检验（Unit root test）是统计检验中普遍应用的一种检验方法。在本书中，需要首先对水果、蔬菜的价格数据进行平稳性检验，因此拟采用单位根检验的办法。

ADF 单位根检验也叫迪克—富勒检验（Augmented Dickey-Fuller Test，ADF），具体是通过以下三个模型完成的：

$$\Delta P_t = \delta P_{t-1} + \sum_{k=1}^{n} \beta \, \Delta P_{t-k} + \varepsilon_t \tag{3-1}$$

$$\Delta P_t = \alpha + \delta P_{t-1} + \sum_{k=1}^{n} \beta \, \Delta P_{t-k} + \varepsilon_t \tag{3-2}$$

$$\Delta P_t = \alpha + \delta P_{t-1} + \lambda t + \sum_{k=1}^{n} \beta \, \Delta P_{t-k} + \varepsilon_t \tag{3-3}$$

模型 3-3 中的 $t$ 是时间变量，代表了价格的时间序列随时间变化的某种趋势（如果有的话），$\Delta P_t = P_t - P_{t-1}$，$\alpha$ 为常数项，$\delta$、$\lambda$、$\beta$ 为系数，$\varepsilon_t$ 为误差项，$k=1$，2，3，…，$n$。原假设都是 $H_0: \delta = 0$，即存在一单位根；备则假

设 $H_1$ 为：$\delta < 0$ 。模型 3-1 与另两个模型的差别在于是否包含有常数项和趋势项。

实际检验时从模型 3-3 开始，然后模型 3-2、模型 3-1。通过检验参数 $t$ 统计量，如果拒绝原假设，则说明序列 $P_t$ 无单位根，序列平稳。如果 $P_t$ 为非稳定的时间序列，要用 $\Delta P_t$ 代替模型 3-1 中的 $P_t$ ，继续对其一阶差分进行检验。如果仍无法拒绝原假设，还必须用 $\Delta^2 P_t$ 代替 $\Delta P_t$ 进行检验。重复进行以上过程，直到得出一个稳定的差分，以判定价格时间序列稳定的阶数。

### 3.2.2 收购价格与零售价格的协整检验

协整分析主要应用于短期动态关系易受随机扰动的显著影响，而长期关系又受经济均衡关系约束的经济系统。根据已有的经济理论，农产品收购价格和零售价格之间确实存在着长期均衡关系，这种均衡关系意味着经济系统不存在破坏均衡的内在机制。如果两个价格在某时期受到干扰后偏离长期均衡点，则均衡机制将会在下一期进行调整以使其重新回到均衡状态。因此，通俗地说，协整意味着零售价格和收购价格之间存在长期的均衡关系。

为了检验两变量是否为协整，恩格尔（Engle）和格兰杰（Granger）于 1987 年提出两步检验法，称为恩格尔—格兰杰法，或 EG 检验，亦称为增广恩格尔—格兰杰法。以农产品纵向关联市场间的价格为例，如果零售价格和收购价格两个变量是平稳的，则整个检验过程停止，因为可以采用标准回归技术处理。如果零售价格和收购价格两变量是非平稳的，求出这两个变量的单整的阶数后分情况处理。如果收购价格和零售价格两变量的单整的阶不同，则两变量不是协整的。如果两变量的单整的阶相同，还要进行以下步骤的检验：

第一步，若零售价格 $P_r$ 和收购价格 $P_f$ 这两个变量是同阶单整的，则用 OLS 法估计长期均衡方程（称为协整回归）$P_{ft} = \alpha + \beta P_{rt} + \varepsilon_t$ 得到

$$\hat{P}_{ft} = \hat{\alpha} + \hat{\beta} P_{rt}$$

并保存残差 $e_t = P_{ft} - \hat{P}_{ft}$ ，作为均衡误差 $\mu_t$ 的估计值。

第二步，检验残差项 $e_t$ 的平稳性。如果残差项 $e_t$ 是平稳的，则变量 $P_r$ 和 $P_f$ 是协整的，$P_r$ 和 $P_f$ 存在长期均衡关系；如果残差项 $e_t$ 是非平稳的，则变量 $P_r$ 和 $P_f$ 不是协整的，二者不存在长期均衡关系。

具体做法是将迪克—富勒检验用于时间序列 $e_t$ ，也就是使用 OLS 法估计如下形式的方程

$$\Delta e_t = \delta e_{t-1} + \sum_{k=1}^{n} \beta_i \Delta P_{t-k} + \nu_t \tag{3-4}$$

进行检验。原假设和备则假设是：

$$H_0 : \delta = 0, H_1 : \delta < 0$$

如果拒绝原假设，则 $e_t$ 是平稳序列，从而说明两变量 $P_r$和 $P_f$是协整的。如果接受原假设，则 $e_t$ 是非平稳序列，从而说明两变量 $P_r$和 $P_f$不是协整的。这是因为若 $P_r$和 $P_f$不是协整的，则二者的任一线性组合都是非平稳的，因此残差 $e_t$ 将是非平稳的。换言之，对残差序列 $e_t$ 是否具有平稳性的检验，也就是对 $P_r$和 $P_f$是否存在协整的检验。

### 3.2.3 收购价格与零售价格的格兰杰因果关系检验

计量经济模型的建立过程，本质上是用回归分析工具处理一个经济变量对其他经济变量的依存性问题，但这并不是暗示这个经济变量与其他经济变量间必然存在因果关系。因此，需要在统计意义上检验出因果性的方向，即在统计是确定究竟孰是因孰是果，或者互为因果，这种常用的检验序列变量之间的因果关系常常采用格兰杰因果检验（Granger-Causity）。本书接着用零售价格 $P_r$和收购价格 $P_f$对格兰杰因果关系的检验过程予以详细说明。

格兰杰因果检验假定有关 $P_r$和 $P_f$每一变量的预测信息全部包含在这些变量的时间序列之中。检验要求估计以下的回归

$$P_{rt} = \alpha_{z1} + \sum_{i=1}^{k} \alpha_{1i} \cdot P_{rt-i} + \sum_{i=1}^{k} \beta_{1i} \cdot P_{ft-i} + \mu_t, (1 < i < k) \tag{3-5}$$

$$P_{ft} = \alpha_{z2} + \sum_{i=1}^{n} \alpha_{2i} \cdot P_{ft-i} + \sum_{i=1}^{n} \beta_{2i} \cdot P_{rt-i} + \varepsilon_t, (1 < i < k) \tag{3-6}$$

其中，$\mu_t$ 和 $\varepsilon_t$ 假定为不相关的。在两个方程中，$\alpha_{z1}$ 和 $\alpha_{z2}$ 均为常数，$\alpha_i$ 和 $\beta_i$ 分别是因变量滞后值和自变量滞后值的系数；下标 $i$ 表示时滞长度（本书的数据是按每旬统计，因此它们为滞后旬数）；$k$ 表示样本时期总长度；$\mu_t$ 和 $\varepsilon_t$ 为随机误差项。

式 3-5 假定当前的 $P_r$和 $P_r$自身以及 $P_f$的过去值相关，而式 3-6 对 $P_f$也假定了类似的行为。

两个方程中同时出现自变量和因变量，表明为未设限制的检验模型。

对于式 3-5 而言，其零假设 $H_0 : \alpha_{11} = \alpha_{12} = \cdots = \alpha_k = 0$

对于式 3-6 而言，其零假设 $H_0: \alpha_{21} = \alpha_{22} = \cdots = \alpha_n = 0$

现在分四种情形进行讨论：

（1）收购价格 $P_f$ 是引起零售价格 $P_r$ 变化的原因，即存在由 $P_f$ 到 $P_r$ 的单向因果性。若式 3-5 中滞后的 $P_f$ 的系数估计值在统计上整体地显著不为零，同时式 3-6 中滞后的 $P_r$ 的系数估计值在统计上整体地显著为零，则称 $P_f$ 是引起 $P_r$ 变化的原因。

（2）零售价格 $P_r$ 是引起收购价格 $P_f$ 变化的原因，即存在从 $P_r$ 到 $P_f$ 的单向因果性。若式 3-6 中滞后的 $P_r$ 的系数在统计上整体地显著不为零，同时式 3-5中滞后的 $P_f$ 的系数估计值在统计上整体地显著为零，则称 $P_r$ 是引起 $P_f$ 变化的原因。

（3）收购价格 $P_f$ 和零售价格 $P_r$ 互为因果关系，即存在 $P_f$ 到 $P_r$ 的单向因果性，同时也存在 $P_r$ 到 $P_f$ 的单向因果性。若式 3-5 中滞后的 $P_f$ 的系数估计值在统计上整体地显著不为零，同时，式 3-6 中滞后的 $P_r$ 的系数估计值在统计上整体地显著不为零，则称 $P_f$ 与 $P_r$ 之间存在反馈关系，或者双向因果性。

（4）收购价格 $P_f$ 和零售价格 $P_r$ 是独立的，或 $P_f$ 和 $P_r$ 之间不存在因果性。若式 3-5 中滞后的 $P_f$ 的系数估计值在统计上整体地显著为零，同时，式 3-6 中滞后的 $P_r$ 的系数估计值在统计上整体地显著为零，则称 $P_f$ 与 $P_r$ 间不存在因果关系。

值得注意的是，格兰杰因果关系检验中滞后长度 $k$ 或 $n$ 的选择是任意的，并且因果检验的结果对滞后长度 $k$ 或 $n$ 的选择有时是很敏感的，即不同的滞后期，有时会对因果性的判断造成影响。因此，一般而言，在进行格兰杰因果关系检验时，通常对不同的滞后期长度分别进行试验，以确信因果关系检验中的随机误差项不存在序列的相关来选取适当的滞后长度。

一般地，如果变量 $P_f$ 是变量 $P_r$ 的（格兰杰）原因，则 $P_r$ 的变化应先于 $P_r$ 的变化。因此，在做 $P_r$ 对其他变量（包括自身的过去值）的回归时，如果把 $P_r$ 的过去或滞后值包括进来能显著地改进对 $P_r$ 的预测，我们就可以说 $P_f$ 是 $P_r$ 的（格兰杰）原因。类似地，定义 $P_r$ 是 $P_f$ 的（格兰杰）原因。

### 3.2.4 非对称价格传递模型构建与检验

市场信息是通过一整个系统存在的，生产者价格（$f$）、批发价格（$w$）、零售价格（$r$）即具有这个系统传递信息的功能。市场信息在纵向关联市场间的每一个环节的传递程度可能并不是等同的，每一个市场主体吸收和反馈市场信号的能力可能也是不同的。每个环节在结构上的差异和多样化可能影响价格迅速反映市场情况变化的状况。

当然，将市场信息完全量化并不切实际，对了解价格之间的关系也是没有必要的。我们可以简单将纵向关联市场划分为三个环节，即收购环节、批发环节和零售环节。

（1）首先，假设情况是这样：$f=F(r)$，即收购价格是零售价格的函数。收购价格对零售价格变化的回应并不是很及时，可能其反应滞后于零售价格的变化。再者收购价格对零售价格上涨和下降的反应是不同的，可能的原因是市场结构是完全垄断的，由此产生的价格粘性，会使得农户对零售价格的变化产生不对称的反应；也可能是收购环节的农户存在调整成本。具体的方程形式如式 3-7 所示。

$$\Delta P_{ft} = \beta_0 + \beta_1 \Delta P_{rt}^{+} + \beta_2 \Delta P_{rt}^{-} + \varepsilon_t \tag{3-7}$$

式 3-7 中，$P_{rt}$ 和 $P_{ft}$ 分别表示纵向链条上的市场零售价格和收购价格，Δ 表示差分运算，$\Delta P_{rt} = P_{rt} - P_{rt-1}$，若 $P_{rt} - P_{rt-1} < 0$，则取 $\Delta P_{rt}^{-}$，表示零售价格下跌变量；若 $P_{rt} - P_{rt-1} \geqslant 0$，则取 $\Delta P_{rt}^{+}$，表示零售价格上涨变量。原假设为 $H_0: \beta_1 = \beta_2$。若不能拒绝原假设，则认为价格传递是对称的；若可以显著地拒绝原假设，那么价格传递具有非对称性，即收购价格对零售价格上涨的反应显著地不同于对零售价格下跌的反应。

（2）考虑到收购价格还会受到零售价格滞后期的影响，因此需要加入对滞后期的分析，对式 3-7 进行进一步修正，加入滞后期后，模型如式 3-8 所示。$P_1$ 与 $P_2$ 分别表示上涨和下跌的滞后期，两者可以相等也可以不相等。$\sum_{i=0}^{P_1} \beta_{1i} \Delta P_{rt-i}^{+}$ 表示零售价格上涨变量，$\sum_{i=0}^{P_2} \beta_{2i} \Delta P_{rt-i}^{-}$ 表示零售价格下跌变量，原假设也由 $H_0: \beta_1 = \beta_2$ 修正为 $H_0: \sum_{i=0}^{P_1} \beta_{1i} = \sum_{i=0}^{P_2} \beta_{2i}$

$$\Delta P_{ft} = \beta_0 + \sum_{i=0}^{P_1} \beta_{1i} \Delta P_{rt-i}^{+} + \sum_{i=0}^{P_2} \beta_{2i} \Delta P_{rt-i}^{-} + \varepsilon_t \tag{3-8}$$

（3）考虑到一个市场的价格变化不仅与零售滞后期价格密切相关，而且与当期的运输、气候和食品安全事件等外部冲击因素紧密联系。因此，需要在式 3-8中加入反映外部冲击因素的冲击变量。

误差修正模型的设立与估计主要涉及协整变量和调整系数，前者刻画了系统内变量之间的长期均衡关系，后者反映了出现偏离均衡状态后协整系统的修正特征。因此，利用误差修正模型既可以反映生产者价格与零售价格之间的长期均衡关系，又可以反映受到外部冲击后出现正的偏离误差和负的偏离误差时生产者价格对此的修正幅度。因此，在式 3-8 的基础上，进一步构建模型如式3-9 所示。

$$\Delta P_{ft} = \alpha_0 + \sum_{z=0}^{M_1} \alpha_{1z}^{+} \Delta P_{rt-z}^{+} + \sum_{z=0}^{M_2} \alpha_{2z}^{-} \Delta P_{rt-z}^{-} + \alpha_3^{+} ECM_{t-1}^{+} + \alpha_3^{-} ECM_{t-1}^{-} + \nu_t \tag{3-9}$$

式 3-9 中，自变量 $\Delta P_{ft}$ 表示生产者价格的波动状况。因变量中反映协整变量者如下：$\sum_{z=0}^{M_1} \alpha_{1z}^{+} \Delta P_{rt-z}^{+}$ 表示当期和滞后期的零售价格上涨变量，$\sum_{z=0}^{M_2} \alpha_{2z}^{-} \Delta P_{rt-z}^{-}$ 表示当期和滞后期的零售价格下跌变量。因变量中反映调整系数者如下：$\alpha_3^{+} ECM_{t-1}^{+}$ 表示系统受到外部冲击后对正向偏离的调整幅度，$\alpha_3^{-} ECM_{t-1}^{-}$ 表示受到外部冲击后对负向偏离的调整幅度。$M_1$ 和 $M_2$ 均为滞后期。

式 3-9 的原假设 $H_0: \sum_{z=0}^{M_1} \alpha_{1z}^{+} = \sum_{z=0}^{M_2} \alpha_{2z}^{-}$，且 $\alpha_3^{+} = \alpha_3^{-}$。若不能拒绝原假设，则认为价格在农民和零售商之间的传递是对称的，即市场收购价格对零售价格上涨的反应与对零售价格下跌的反应相同；若可以显著地拒绝原假设，那么价格传递具有非对称性。

### 3.2.5 农产品销售价格的多元回归模型

在易腐产品的损耗控制措施评估中，因变量为农产品的销售单价，价格是连续的变量，因此可以用 OLS 进行多元回归。具体方程如式 3-10 所示。

$$\ln(P_i) = a_0 + \beta X_i + \gamma Z_i + \varepsilon_i \tag{3-10}$$

式 3-10 中，$X_i$ 为针对易腐产品的损耗控制措施变量，$Z_i$ 为农户规模等其他控制变量。

对于上述多元回归模型，首先需要解决的是异方差的问题，我们使用了稳健加权最小二乘法（Robust WLS）估计，该方法采用再加权最小二乘法加上 Huber 和双权数函数，并按 95%的高效率调整。对因变量也进行了去对数处理，进一步减少了异方差性。另外，由于该调查结果是横截面数据，我们可以不考虑序列相关性。

其次，对所有解释变量进行相关系数检验后，将相关系数高或者有对应关系的变量分开，在不同模型中分别进行回归，以避免多重共线性。对选定的变量进行多重共线性检验，如果发现所选择的变量方程膨胀因子 VIF 大于 10，则认为各个变量之间存在多重共线性；如果所选择的变量方程膨胀因子 VIF 小于 10，则认为各个变量之间不存在显著的多重共线性。在这样的基础上，我们首先将本书所有变量全部引入回归方程，进行 OLS 回归，将相关系数很高的解释变量逐一删除，以此得到最佳的回归结果。

## 3.3 数据范围与介绍

### 3.3.1 宏观数据

本书从果蔬产品中选取了苹果、梨果、香蕉、柑橘、土豆、生姜、大白菜、西红柿、黄瓜和菠菜，共计 10 种产品。选择这 10 种果蔬的原因有两点：一是这 10 种果蔬的易腐程度均存在明显差异（详见本书的第五章，表 6-2）；第二，这几种产品在日常居民果蔬消费量中占据主要地位。价格传导选择的宏观数据时间段为 2007 年 7 月—2011 年 12 月。

本书的前提假定之一是在农产品的生产收获供应期间，因此本书的数据范围是从每个产品从上市起到结束供应的这段时期。而一些产品在不同地区的收获供应期是有所差异的，因此需要根据每个产品的地区来确定。

第一步，因现有统计数据较少对果蔬产品的收购价格和零售价格同时做出统计，本书拟采用主产地的批发价格代替农产品的收购价格，而用主销地的批发价格代替零售价格。选择的主产地和主销地具体如表 3-2 所示。

第二步，从上述几个主产地和主销地中选取原始数据质量比较好的一个主产地和主销地，并确定这个产品主产地的收获供应期。选择结果和每个产品的收获供应期详见表 3-3。

第三步，考虑到有些产品供应时间短，天数据、周数据和旬数据均可以反映短期内价格相互变化和相互影响情况，本书最终选择天数据作为单位。因选择的几种产品所处省份开始统计数据的时间均不一致，为使得产品的数据样本足够大，因此每种数据的起始年份并不一致，每种产品的样本也不一致，具体如表 3-4 所示。

**表 3-2　果蔬产品的主产地和主销地**

| 产品种类 | 主产地 | 主销地 |
|---|---|---|
| 苹果（红富士） | 陕西省、山东省、河南省、山西省 | 北京市、上海市、广州市 |
| 梨果（鸭梨） | 河北省、湖北省、河南省、四川省 | 北京市、上海市、广州市 |
| 香蕉 | 广东省、广西壮族自治区、海南省、云南省 | 北京市、上海市、广州市 |
| 柑橘 | 浙江省、福建省、湖南省、四川省、广东省 | 北京市、上海市、广州市 |
| 土豆 | 四川省、甘肃省、内蒙古自治区、云南省 | 北京市、上海市、广州市 |
| 姜 | 山东省、湖南省、贵州省、广西壮族自治区 | 北京市、上海市、广州市 |
| 大白菜 | 内蒙古自治区、黑龙江省、辽宁省、甘肃省、山西省 | 北京市、上海市、广州市 |
| 西红柿 | 河北省、河南省、山东省、新疆维吾尔自治区 | 北京市、上海市、广州市 |
| 黄瓜 | 山东省 | 北京市、上海市、广州市 |
| 菠菜 | 山东省 | 北京市、上海市、广州市 |

注：主产地的确定按照产量排名。

数据来源：前 5 个产品的数据来源于中华人民共和国农业部编《中国农业统计资料》，中国农业出版社，2010 年版。后 5 个产品的数据来源于陈杰忠编《果树栽培学各论：北方本》，中国农业出版社，2003 年版；卢育华编《蔬菜栽培学各论：北方本》，中国农业出版社，2000 年版；吕家龙编《蔬菜栽培学各论：南方本》，中国农业出版社，2001 年版。

**表 3-3　苹果等果蔬产品的主产地、收获供应期和主销地**

| 产品种类 | 主产地的确定及收获供应期 | 主销地 |
|---|---|---|
| 苹果（红富士） | 山东省（10 月—次年 2 月） | 北京市 |
| 梨果（鸭梨） | 河北省（9 月下旬—次年 2 月） | 北京市 |
| 香蕉 | 广东省（3—6 月；10 月—次年 2 月） | 上海市 |
| 柑橘 | 广东省（12 月上旬—次年 1 月） | 北京市 |
| 土豆 | 内蒙古自治区（10 月—次年 2 月） | 北京市 |
| 姜 | 山东省（8—10 月） | 北京市 |
| 大白菜 | 山西省（11 月上旬—次年 1 月） | 北京市 |
| 西红柿 | 河南省（5 月上旬—6 月上旬；10 月中旬—10 月下旬） | 北京市 |
| 黄瓜 | 山东省（6 月上旬—7 月下旬；9 月下旬—10 月下旬） | 北京市 |
| 菠菜 | 山东省（5 月上旬—6 月上旬） | 北京市 |

资料来源：陈杰忠编《果树栽培学各论：北方本》，中国农业出版社，2003 年版；卢育华编《蔬菜栽培学各论：北方本》，中国农业出版社，2000 年版；吕家龙编《蔬菜栽培学各论：南方本》，中国农业出版社，2001 年版。

表 3-4　果蔬产品的数据时间段及样本量范围

| 产品种类 | 苹果（红富士） | 梨果（鸭梨） | 香蕉 | 柑橘 | 土豆 | 生姜 | 大白菜 | 西红柿 | 黄瓜 | 菠菜 |
|---|---|---|---|---|---|---|---|---|---|---|
| 数据时间段 | 2007—2011 年 | 2007—2011 年 | 2007—2011 年 | 2008—2011 年 | 2008—2011 年 | 2007—2011 年 | 2007—2011 年 | 2006—2011 年 | 2006—2011 年 | 2006—2011 年 |
| 样本量 | 658 | 621 | 952 | 307 | 559 | 459 | 428 | 313 | 342 | 195 |

### 3.3.2　微观调查数据

本书的微观调研是根据研究的目标，选择了河北省和湖北省的梨果种植农户为调研对象。选择这两个地方的原因是河北省和湖北省为我国梨果的两大重要产地。为补充验证本书的结论，笔者进一步利用暑假时间于 2011 年 8 月上旬—8 月下旬分别在河北和湖北两省展开实地调研，调研参加者均为南京农业大学受过良好问卷培训的师生，共获得有效问卷 209 份，其中来自河北辛集市的问卷 120 份，来自湖北宣恩县的问卷 89 份，详见表 3-5 与表 3-6。在开展问卷调查的同时，也开展了与部分农户的深度访谈，获得了数个典型案例，本书整理并采用 2 个典型性案例。

表 3-5　调查问卷总数与有效问卷情况

| | 回收问卷 | 有效问卷 |
|---|---|---|
| 份数 | 214 | 209 |
| 占回收问卷比例（%） | 100 | 97.66 |

表 3-6　河北省和湖北省两地调查的有效问卷情况

| | 河北省辛集市 | 湖北省恩施市宣恩县 |
|---|---|---|
| 份数 | 120 | 89 |
| 占有效问卷比例（%） | 57.42 | 42.58 |

**（1）样本与抽样**。在正式调查之前，首先对两个县（市）林业局进行了走访，了解该县（市）梨果产业组织发展情况。依据分层抽样原理，根据县（市）林业局提供的信息，对梨果产业组织发展较好的乡镇进行了重点调查，在不同类型的层别中仍采用随机抽样的方式。调查样本共涉及 4 个乡镇的 8 个村，并根据村落大小，每村随机选择 20～25 户农户作为访问对象，针对农户 2010 年梨果的种植和销售等情况进行了调查。为保证调查质量，调查采取和

农户面对面访谈、调查员代为填写问卷的方式进行。调查结束后，笔者对部分被调查农户通过电话进行了核实。

(2) **问卷内容**。问卷基本分为四个部分：

第一部分，梨农家庭特征及梨果种植的基本情况。包括受访者性别、年龄、教育程度、从事农业生产情况、从事非农就业工作情况、梨果种植规模、梨园特征（灌溉设备、灌溉形式、与最近柏油路距离、果园到销地的路况等)、户主种梨年数、种梨获取信息的渠道等。

第二部分，梨农贮藏梨果和获得科技服务推广的情况。包括是否拥有冷藏库、冷藏库的贮藏能力、是否用冷藏库贮藏梨果、冷藏库的投资规模、梨园与最近冷藏库距离、获得科技服务推广的渠道。

第三部分，梨农种植梨果的生产投入及收益情况。包括梨园面积农户在化肥、杀虫剂除草剂、灌溉费用、有机肥、套袋费、劳务费用和贮藏梨果的费用；梨果的销售数量、销售梨果的总收益、梨果单价。

第四部分，梨农的销售渠道情况。销售对象是村里商贩、批发商、冷库拥有者、冷库经纪人还是非政府组织等机构。

# 4 我国果蔬贮藏保鲜的现状与问题

果蔬产品最大的特征就是生产的季节性、地域性和产品的易腐性。大多果蔬产品以鲜活形式上市，营养丰富、口感适宜，是人们生活中不可缺少的食品，但同时也给贮藏、运输、包装、销售等流通环节带来诸多不便。目前，在我国的果蔬生产中，由于采摘不当、贮藏不善、运输不及时或包装粗放，或由于生理病害、微生物病害的影响，往往导致25%以上的损耗，有些易腐果蔬采后损失超过30%，距离联合国粮食及农业组织要求5%的指标相差较远。如何能够更好地促进果蔬的贮藏和保鲜是一个普遍性的问题，这不仅关系到农民的收入问题，也关系到我国农业现代化建设问题。

果蔬的贮藏保鲜具体是指果蔬产品从"田头"到"餐桌"的过程中，通过控制影响果蔬保鲜的四大因素（湿度、温度、气体及微生物），抑制果蔬的呼吸强度，减缓或延迟果蔬的呼吸速率，使得果蔬产品始终处于规定的、生理需要的低温环境下，以保证农产品的质量、减少农产品消耗的一系列方法。具体包括采购环节的处理方法，贮藏前的准备（如修剪、消毒、保鲜处理、预冷等），贮藏与管理（包括贮藏方式及条件设定、分级、包装标识、堆码、通风换气、温湿度记录、贮期检验），出库处理及运输（包括冷链物流等），销售（冰柜冷冻等）。可见，果蔬的贮藏保鲜贯穿了产品的整个产业链条，每一个环节的贮藏保鲜对产品的最终质量均会产生重要影响。

本章将系统梳理当前果蔬贮藏保鲜产业的现状和特征，在此基础上提炼出我国果蔬贮藏保鲜产业所存在的问题，并指出发达国家在这方面的经验和启示，由此总结我国果蔬贮藏保鲜产业发展的政策支持方向。

## 4.1 我国果蔬产品贮藏保鲜的现状及特征

### 4.1.1 我国果蔬贮藏保鲜产业发展较快

受经济环境和科学技术发展限制，我国开展贮藏保鲜实践的时间比部分发达国家要晚很多。改革开放以来尤其是近几年，随着我国经济的发展和人民生活水平的提高，消费者对于保鲜、保温要求的提高，客观上促进了贮藏和保鲜产业的快速发展。易腐农产品产量增长得越快，意味着对贮藏保鲜的需求也越大，如表 4-1 所示，我国农产品的产量近年处于快速增长状态，2005—2010 年期间的年平均增长率都在 2%以上，水果类、蔬菜类的增长率水平已超过了 5%。近年来，对贮藏保鲜的需求增加会催生贮藏保鲜企业规模的扩大，如表 4-2 所示，冷链物流企业规模在快速扩大，2004 年冷链物流的企业数占整个食品工业企业数的 32.4%，到 2011 年这一比例已经达到了 40%以上，平均每年增速达到了 3.2%。此外，2013 年，我国对冷链物流制定了较高的发展目标，要求到 2015 年，培育 500 家冷链物流核心企业，可见我国越来越重视贮藏保鲜在产品增值中的重要性。

**表 4-1　2005—2010 年我国主要农产品的产量**

单位：万吨，%

| 产品种类 | 2005 年 | 2006 年 | 2007 年 | 2008 年 | 2009 年 | 2010 年 | 平均年增长率 |
|---|---|---|---|---|---|---|---|
| 水　果 | 16 120.9 | 17 102.4 | 18 136.5 | 18 220.4 | 20 395.5 | 21 401.6 | 6.5 |
| 蔬　菜 | 56 284.1 | 59 663.7 | 62 456.8 | 65 456.9 | 69 110.4 | 70 636.6 | 5.1 |
| 肉　类 | 7 743.8 | 7 975.5 | 8 214.4 | 8 460.4 | 8 730.9 | 8 802.4 | 2.8 |
| 奶　类 | 2 865.4 | 3 434.5 | 4 155.5 | 5 028.7 | 6 834.2 | 7 545.1 | 22 |
| 禽　类 | 2 880.2 | 3 010.7 | 3 128.7 | 3 315.3 | 3 535.9 | 3 628.4 | 5.2 |
| 水产品 | 5 108.5 | 5 291.4 | 5 482.1 | 5 679.2 | 5 750.3 | 8 189.8 | 3.6 |

数据来源：《中国食品工业年鉴》(2004—2011)、《中国农产品加工业年鉴》(2004—2011)、《中国统计年鉴》(2006—2011)、www.agri.gov.cn (中国农业信息网)。

表 4-2　2004—2011 年冷链食品工业企业单位数

单位：个，%

| | 2004 年 | 2005 年 | 2006 年 | 2007 年 | 2009 年 | 2011 年 | 平均年增长率 |
|---|---|---|---|---|---|---|---|
| **食品工业合计** | **23 304** | **24 003** | **24 723** | **25 664** | **26 228** | **27 215** | 3.0 |
| 农副产品加工业 | 14 097 | 14 660 | 15 393 | 16 019 | 16 810 | 17 766 | 4.6 |
| 屠宰及肉类加工 | 2 439 | 3 902 | 4 175 | 4 429 | 4 735 | 5 120 | 6.5 |
| 水产品加工 | 1 549 | 1 719 | 2 235 | 2 458 | 2 764 | 3 105 | 11.8 |
| 蛋产品加工 | 66 | 67 | 67 | 65 | 69 | 71 | 1.5 |
| 食品制造业 | 8 997 | 9 086 | 9 177 | 9 269 | 9 372 | 9 655 | 1.0 |
| 焙烤食品制造 | 932 | 1 029 | 1 040 | 1 059 | 1 175 | 1 192 | 1.5 |
| 液体乳及乳制品制造 | 692 | 775 | 868 | 972 | 1 188 | 1 319 | 12.3 |
| 罐头制造 | 676 | 716 | 763 | 816 | 967 | 1 126 | 6.5 |
| 冷冻食品及食用冰制造 | 206 | 195 | 185 | 176 | 158 | 145 | −5.1 |
| 软饮料制造 | 983 | 1 032 | 1 073 | 1 127 | 1 192 | 1 330 | 4.6 |
| 共占食品工业合计的比重 | 32.4 | 33.6 | 34.7 | 35.5 | 37.8 | 40.6 | 3.2 |

数据来源：方凯《我国农产品冷链物流的发展问题研究》，华中农业大学博士学位论文，2013 年。

### 4.1.2　我国果蔬贮藏保鲜方式多样化

近年来，果蔬的贮藏保鲜技术在国内外已取得广泛应用，各类贮藏保鲜方法因其投入成本、技术原理、操作的难易程度等应用于不同类型的产品中（表 4-3）。目前我国果蔬保鲜技术发展以低温、气调相结合为主，其成本低廉，操作简单，具有相对优势。而冷冻贮藏方法对果蔬冻害较为严重，不适合大部分果蔬的贮藏。冻干、辐照等方法虽然保鲜效果较好，但成本较高，而且需要大型的机械设备，一次性投资大，资金回收期长，能耗费用高，技术要求严格，不易被农民和企业掌握。涂膜保鲜等方法，操作简便、成本低，但对果蔬产生二次污染，可能有一定的毒害作用。可见，不同贮藏方法具有明显优势，也有自身劣势，农民与企业家会根据自己的需求和产品特征选择不同的贮藏方法。但总的来说，气调贮藏是果蔬贮藏过程中比较重要的高新技术之一，极具开发和推广价值，在果蔬贮藏过程中具有很大的工程应用价值和经济价值。我国气调技术发展还有进一步提高的空间，需要未来对其进行更深入的研究和更多的支持。

表 4-3　目前我国果蔬贮藏保鲜技术的种类及优缺点

| 种类 | 技术特征 | 优点 | 缺点 | 适合品种 |
| --- | --- | --- | --- | --- |
| 传统贮藏 | 物理方法：堆藏、沟藏和窖藏 | 生产方便、成本低 | 保鲜时间短，损耗大，规模小 | 大宗、廉价或耐贮藏果蔬，如生姜、南瓜及土豆等 |
| 低温贮藏 | 利用低温技术将食品温度降低 | 成本低廉、操作简单 | 保鲜效果相对较差，与气调保鲜相结合的方式明显提升其保鲜效果 | 应用广泛，普通果蔬贮藏均可 |
| 冷冻贮藏 | 利用快速冷冻工艺，将果蔬的温度降至冰点以下 | 能有效保留食品营养，达到保鲜效果 | 对微观结构破坏严重，降低果肉中涩味成分的浓度 | 不适用于大多数果蔬 |
| 冷冻干燥 | 将被干燥液体物料冷冻成固体，在低温减压条件下利用冰的升华性能，使物料低温脱水而达到干燥目的 | 可有效延长贮藏期，营养成分损失较少 | 易出现冷害现象，在干燥过程中会引起果蔬风味物质流失，对果蔬的口感影响较大 | 用于重视营养及对果蔬外观要求较高的食品，如杧果等 |
| 气调保鲜 | 对环境温度、氧气浓度、二氧化碳浓度进行合理配比及调控 | 实现果蔬长期保鲜贮藏，实现市场反季节销售，比其他贮藏方法延长保鲜期30～40天 | 常温下气调贮藏方法效果并不明显，一般采用与低温技术相结合的方式 | 广泛应用于各类果蔬 |
| 辐照贮藏 | 利用电离辐射的办法延长食品贮藏时间，保障食品质量 | 可以显著抑制贮藏期间果蔬呼吸强度，保鲜效果较好 | 成本较高，并有一定程度的残留，安全性尚未确定 | 只针对一些特定产品 |
| 涂膜保鲜 | 采用浸渍、涂抹、喷涂等方法将水溶液或乳液涂布于果蔬表面，在表面固化并形成一层光亮的半透性薄膜 | 可以有效防止水果腐烂 | 涂膜保鲜技术加工过的果蔬，失水率明显减少，半透明性薄膜不易去除，不可回收，相对成本较高 | 在水果中应用普遍 |

### 4.1.3　我国果蔬贮藏保鲜的标准体系还较为落后

先进的贮运标准是确保果蔬新鲜的一个重要原因。国际上，目前有国际标准化组织（International Organization for Standardization，ISO）、国际食品法典委员会（Codex Alimentarius Commission，CAC）和美国欧盟等标准。我国的贮藏保鲜标准基本是参照 ISO 的标准格式制定的，现行的果蔬保鲜与贮藏相关标准有 78 项，包括国家标准 26 项、农业行业标准 10 项、林业行业标准 3 项、商业行业标准 7 项、出入境检验检疫行业标准 2 项、地方标准 30 项。覆盖的果蔬品种有柑橘类、猕猴桃、梨、桃、李、冬枣等十几种水果，和茭白、洋葱、胡萝卜、豆类蔬菜、茄果类蔬菜、松口蘑、蒜薹等 20 多种蔬菜（刘伟等，2014）。

ISO 的标准多是根据果蔬的成熟度来设计贮藏条件的，这样设计比较科学。如，ISO 5524：1991（E）中就将番茄的成熟度规定为 5 个等级，且明确规定了每个等级的冷藏温度及冷藏时间。另外，ISO 9833：1993（E）中分别就早熟、中熟、晚熟瓜设计了预冷条件，不仅规定预冷的时间，还规定了从采收到预冷最长间隔时间，所规定的时间都有具体的数值，这样操作较为方便，而国内的标准常常只是说明“采收后应尽快预冷”，没有具体的时间限制，较为笼统，操作上往往造成较大的差异。此外，现行标准在食品安全方面重视不够，标准重复现象严重。总体上来看，与国际标准体系相比，我国果蔬贮藏保鲜标准体系还较为落后。

### 4.1.4 不同环节市场主体对贮藏保鲜的需求不同

目前我国大多数地区的农民在果蔬贮藏上，一方面由于冷库、冷藏设备的利用成本高，另一方面对高科技贮藏接受度和认知度还较低，因此仍然多采用传统的窖藏加化学处理的方法，而这些方法受环境条件等多种因素的制约，贮藏期损耗较大。近年来，随着果蔬产量的增加以及果蔬食品加工业工业增加值的迅速增长，许多食品工业企业开始将投资的重点纷纷转向发展潜力巨大的冷链食品领域，这也会导致相关食品冷链物流行业的需求规模扩大，可见对于中间流通环节的食品加工企业或者物流企业来说，贮藏保鲜的需求规模越来越大。对于消费者来说，随着生活质量的提高，我国消费者从过去的煮、干煎、蒸、油炸等方式，开始逐渐重视产品的生鲜度和品质，越来越认识到产品低温贮存的重要性，因此，对果蔬产品的贮藏保鲜需求也越来越高。这对产品的最后一个环节——销售的贮藏保鲜提出了较高的要求，例如在加拿大的超市，大都有带定时喷水装置的壁式风幕柜、低温展示柜和空调系统等设备，市民每周开车到超市购买，然后直达自家的冰箱。总之，从果蔬市场的生产到流通，再到最终的销售，每一个环节的贮藏保鲜都非常重要，但受制于各环节市场主体的经济约束或者认知水平的不同，农民、流通企业和消费者对贮藏保鲜的需求有明显的差异。

## 4.2 我国果蔬贮藏保鲜产业存在的问题

### 4.2.1 果蔬贮藏保鲜技术的普及率较低、重视程度不够

尽管目前我国在果蔬贮藏保鲜技术方面有了飞速的发展，但推广普及率却远远跟不上生产发展的需要。鸭梨黑心病、黑皮病依然存在，苹果虎皮病仍为一种贮藏后期的严重生理病害。为全面提高贮藏保鲜技术水平，在主要产品产区，应通过各种渠道，加强易腐产品常规技术和新技术的推广和应用。此外，在产品的运输过程中也存在损耗问题。当前我国公路汽车运输工具中，有约70%的比例是敞篷式卡车，余下30%的比例才是密封的厢式货车，而其中配备了制冷设备和保温容器的冷藏车辆更是不到车辆总数的10%；除此之外，现有的冷藏运输基础设施过于陈旧，使用的大多是机械式的速冻车皮，现代化的冷藏车辆数量远远不能满足需求；在制冷技术和工艺方面也严重滞后，缺乏完善的低温控制设施和食品保鲜运输车厢。

此外，与发达国家相比，我国农产品贮藏保鲜的资金投入总体较低。例如，美国在农业资金分配上将30%的资金用于生产，将70%的资金用于农产品的保鲜；荷兰和意大利农产品的保鲜率已达到60%；日本的农产品保鲜率也超过了70%。农产品的产后价值与采收时的原始价值之比，比例越大，说明农产品的品质保持越完整，价值增值越多，美国的产后价值与采收时的原始价值之比为3.7∶1，日本为2.2∶1，我国仅为1.38∶1。

### 4.2.2 贮藏保鲜的技术创新不足

从“田地”到“餐桌”，冷链物流的技术创新是易腐农产品贮藏保鲜最为关键的一个环节。发达国家通过开展多种物流技术变革，进一步提升了冷链化水平。一是采用冷链友好型的农产品栽培管理技术和产品安全检测方法。二是在产地应用预冷技术消除田间热，降低农产品呼吸强度，延长保鲜期。三是应用自动化冷库和气调储藏技术进一步延长冷藏保鲜期。四是冷链运输工具朝着标准化、小型化、多功能化和节能化方向发展。五是运用信息技术建立农产品冷链物流管理系统，对物流全程进行追踪和监控，并将产品需求信息共享到连锁经营平台。

相较发达国家而言，我国贮藏保鲜技术创新明显不足。例如，由于我国物流企业规模小，农产品冷链物流投资门槛高、回收期长，制约了企业的技术创

新投入，我国冷链物流技术创新严重不足，缺乏低温加工、包装和检测技术。同时，目前我国缺乏一些有影响力的冷链物流管理方面的专家，有少部分从事农产品冷链物流研究的学者也是之前接触过物流经营活动，后来临时改行成为农产品冷链物流领域的研究人员，缺乏从事农产品冷链物流的经营背景和实践经历；而一些有过冷藏、冷冻仓储相关从业经历的人员，却缺乏对物流专业理论知识的系统学习和研究。由于缺乏专业冷链物流管理和操作人员，导致生鲜农产品的粗放式物流。在近两三年的时间内，我国物流专业人才的缺口将会达到 60 余万，特别是对于新兴的冷链物流业来说，人才的缺口将会更大（袁学国等，2015）。

### 4.2.3　贮藏保鲜基础设施布局不均衡、投入不足和重复建设问题并存

贮藏保鲜的基础设施布局不均衡，体现在不同方面，既包含区域布局的不均衡，也包含产品结构和基础设施功能方面的不均衡。虽然在我国东部冷库发展迅速，但在我国的中西部经济相对落后地区，发展较为滞后。资料显示，全国冷库总量的 63%在东部 11 个省市，18%在中部地区，而西部 12 个省市只有 19%，也就是说，全国 2/3 的冷库容量在东部地区，我国东西部冷库容量差距较大；在近五年全国建成的冷库中，东部地区占 24.89%，西部地区占 17.42%；在建的冷库中，东部占 74.76%，中西部地区 25.24%，东西部冷库建设速度差距也十分明显（袁学国等，2015）。

贮藏保鲜产业的基础设施功能方面的不均衡也越来越严重。近年来，一些商家、果农受利益驱动，在不掌握果品贮藏技术的条件下，不注重区域性、资源的可能性，误认为贮藏库是“保险库”“增值库”，只要建就有效益，从而形成了“建库热”，这不仅不能与当地栽培业同步发展，而且又走上了过去异地贮藏的老路，致使贮后得不到效益，库房闲置情况严重。同时，贮藏库尚存在“半年闲”现象，如何利用“半年闲”贮藏库开辟新的经济增长点，将是今后贮藏保鲜研究的重点问题。此外，冷库设施的建设中存在只注重肉类冷库建设，而忽视果蔬类产品的冷库配套设施建设，只注重大中型冷库的建设项目，而忽视了产品终端的批发零售冷库设施建设，大型冷库建设项目比较多，而中小型冷库建设少，大中城市销地保鲜库比产地发展更快。农产品投入不足和重复建设问题并存，对于整个行业内的资源配置和利用，以及行业未来的全面发展均会产生不利的影响。

#### 4.2.4 针对贮藏保鲜的生产性服务较为欠缺

贮藏保鲜的生产性服务是生产、加工、销售等农民和企业为了集中精力搞好自身业务，把原来需要自己来处理的活动，以合同方式委托给专业贮藏保鲜的服务企业。第三方冷链物流是贮藏保鲜非常重要的环节。特别是规模较小、经济实力较弱的企业或农民，由于其物流资产有限、物流人员不足，因此需要将物流业务外包给专业机构来执行。据中国电子商务研究中心监测数据显示，我国第三方物流占物流市场的比重尚不到25%。当前，生鲜易腐类农产品除了有对外出口需求的那部分外，绝大多数在国内市场流通和销售的产品，其物流配送业务基本都是靠产品本身的生产商或经销商来承担的。滞后的冷链物流服务网络和缺失的信息管理系统，在很大程度上影响了农产品和生鲜食品物流配送的准确性和及时性，导致产品的冷链物流成本居高不下，同时产品在途质量也难以保证。可见，生产性服务的不完善影响到贮藏保鲜整个行业的健康有序发展。

### 4.3 发达国家贮藏保鲜的经验及启示

荷兰、加拿大、美国、日本等发达国家在贮藏保鲜产业发展起步早，已建立完善的综合贮藏保鲜体系，在硬件设施、软件管理、市场化程度、法规政策和人才培养等方面，都积累了一套成熟的先进经验，值得我们学习和借鉴。为了更好地促进我国果蔬贮藏保鲜产业的发展，我们需要汲取这些国家的先进经验与方法，对现有的贮藏保鲜产业发展体系改善，以满足我国易腐农产品贮藏保鲜产业的健康、快速发展。

#### 4.3.1 发达国家贮藏保鲜的做法

(1) **荷兰的做法**。一是大力发展航空运输为主导的冷链物流。荷兰国内生产的农产品中，有58%以上是通过鹿特丹港和斯希波尔机场这两大物流终端，同时也是连接荷兰本土与欧洲各“门户”国家的两座重要桥梁，来完成通向欧洲各国，甚至是通往全世界的农产品冷链物流任务。纵横交错和成熟发达的交通网络，造就了荷兰快捷、高效的农产品冷链物流体系，促使荷兰本土的生鲜农产品在全世界闻名遐迩。二是建立农产品冷链物流电子化平台，提高信息化程度。大量的园艺产品每天在这里完成交易，然后通过物流系统被运往全世界的客户和消费者手中。三是重视冷冻储藏技术的发展。荷兰负责运送生鲜、易腐和冷冻产品的企业，在储藏和配送过程中也普遍要用到先进的冷冻技术设施。充分地利用这些冷冻设施，可以在最大程度上提高冷链物流的工作效率，降低企业的物流费用，确保冷链农产品在储存与运输过程中的品质安全与稳定。

**(2) 加拿大的做法**。一是完善的冷链物流标准和认证制度。在农产品冷链物流各环节，加拿大都制定了科学规范的标准，除采用 GAP（良好农业规范）、GMP（良好生产规范）、GVP（良好兽医规范）、ISO（国际标准化组织）外，还有冷藏温度、运输操作、包装材料规格、品质检验等标准。如禽类加工环境低于 10℃，冷藏与运输不高 4℃。以蔬菜冷链物流为例，建立 6 个质量检验通用模型，在全国推广。二是国际市场化的多式联运物流网络。在宏观政策和市场机制下，加拿大农产品冷链物流实行外包模式，市场化程度很高。第三方物流企业大都为国际多式联运经营人，从全球化角度来管理和配置资源，由提供运输、仓储等功能性服务，到为客户提供咨询、信息和管理服务等一体化解决方案；物流效率高，成本低，已形成海运、铁路、公路、民航和河运等多式联运体系，有三大冷链运输走廊：东海岸运输走廊、西海岸运输走廊和南北运输走廊。东海岸运输走廊以蒙特利尔和哈利法克斯两大港口为主，旨在泛大西洋诸国的海运贸易。西海岸运输走廊，以温哥华为核心，大都联系与亚太国家的经贸往来。南北运输走廊，以五大湖地区为中心，铁路加公路，处理与美国的相关贸易。另外，东西运输网络，包括东西海岸之间，沿美加边境的铁路和高速公路网络，以及圣劳伦斯水道系统。三是智能化的冷链物流信息管理系统，包括仓库管理系统、运输管理系统、电子数据交换、全球定位和全程温度监控、质量安全可追溯系统等，做到了信息化、自动化和智能化。首先对农产品安全问题，实现信息可追溯。其次，通过 POS、EDI、GPS 等先进信息技术，建立统一标准的数据管理和交换系统，动态监测，了解货物信息。再次，建立冷藏货物数量、储存地点、交货时间、补货等的管理信息系统，提高效率，降低成本和风险。从生产、加工、储藏、包装、运输和销售，实现从“土地”到“餐桌”的无缝对接，物流、商流和信息流三流合一。

**(3) 美国的做法**。一是发展了完善的农产品冷链物流基础设施。美国拥有先进的交通运输设施，公路、铁路、水运道路畅通无阻。各种生鲜类农产品可通过螺旋式输送机、移动式胶带输送机以及低运载量斗式提升机等货物装卸、运输设备输送到指定场所。除了先进的物流专用设备外，美国的农产品冷链物流主要依靠高度发达的网络信息系统。例如，1848 年诞生于芝加哥，由 82 位美国农产品供应商共同建立的美国芝加哥期货交易中心，为各类新兴的农业专门网站、信息咨询机构帮助农户交易者掌握有效信息、做出正确决策。二是发展贮藏保鲜的专业技术人才。美国农产品冷链物流业的专业从业人员储备充足，在 20 世纪 80 年代末时，专门从事农产品物流行业的人员数量已达到全部从事农业生产人员数量的 4.2 倍。庞大的专业从业人员队伍，提高了农产品冷链物流的运作效率，是冷链物流顺利开展的有效保障，使得以蔬菜为代表的美国农产品生产实现了生产物流领域的专业化。三是在贮藏保鲜方面制定了专门的标准。美国早在 2002 年就建立了专门的冷链物流协会，主要负责研究生鲜、易腐农产品的保存和运输问题，以及为此类需低温控制的农产品制定行业标准和指导原则。协会主要由航运公司、卡车运输商、货物搬运公司以及冷链设备制造商等各类机构组成。由冷链物流协会发布的《冷链质量指标》行业标准，据称能够用于衡量冷链物流企业在储存、运输及加工处理生鲜、易腐产品方面的熟练度和可靠性，可作为整个生鲜农产品供应链认证、评价的基本指导方针。

**(4) 日本的做法**。一是加大贮藏保鲜的基础设施建设。近年来，日本以本国实际发展状况为依据，加大了对国内农产品冷链物流体系的基础设施建设力度。并且对国内的一些与冷链物流有关的航空港等农产品流通的集散地，进行了各类物流基础设施的全面建设。此外，日本还增加了农产品批发市场的保管、配送、加工和冷冻冷藏设备等功能，而不仅仅将其作为仓库、广场和停车场使用，食品配送中心也普遍配备了常温和低温仓库、产品加工和包装设备等。二是增强农业合作组织在农产品贮藏保鲜中的作用。由于存在人多地少、资源稀缺的客观现实，日本很难将农产品冷链物流向组织化、规模化和集约化的方向进一步拓展。为了解决这一问题，同时将那些生产规模小且分散的农户组织起来，降低他们在市场上单打独斗的成本和风险，日本相关部门十分注重发挥农协这一合作组织的作用。他们以当地主要的农产品批发市场为核心和载体，建立起了完善的农产品冷链物流体系，有效地确保了消费者对生鲜产品的需求，同时也将广大农户的共同利益联结起来，大大节约了市场主体的交易费用。

### 4.3.2 发达国家贮藏保鲜对我国的启示

**(1) 完善贮藏保鲜的法律法规和标准**。首先，完善法律法规，借鉴发达国家，以《农产品质量安全法》为核心，建立一套完备的冷链物流法律法规体系。其次，完善标准体系，如制冷保鲜标准，涉及原料处理、分选加工、冷藏、包装标识、运输、配送销售诸环节，明确信息标准，包括数据采集、交换和信息管理，旨在实现产品监控和可追溯。再次，完善冷链设施设备及工程设计安装标准。

（2）**加强贮藏保鲜的基础设施建设**。基础设施建设是发展贮藏保鲜的必要前提。果蔬的贮藏保鲜涉及预冷、冷藏、运输和查验等环节。在果蔬产地和批发市场等重要物流节点，建设一批经济适用的预冷设施和高效环保的冷库非常必要。在各大城市周边区域，规划建设一批农产品低温配送和处理中心。鼓励大型冷链物流企业，购置节能型的冷链运输车辆以及相关温控设备。在冷链建设重点工程中，按照规范和标准化要求，利用现有企业和市场信息平台，建设农产品全程温控和可追溯系统工程。同时依托现有资源，在产、加、储、运、中转和进出口诸环节，建设监管和查验基础设施，保障农产品质量安全。

（3）**加快贮藏保鲜的技术研发**。政府与企业联合，通过引进消化、原始创新和集成创新等，对生产、贮藏、加工、运输和销售各节点，进行技术升级。如农产品预冷、无损检测与商品处理、自动冷库技术、库房管理系统、移动冷却装置、车运自动温控、先进陈列销售等技术。

（4）**推进贮藏保鲜的信息化管理**。我国幅员辽阔，应依托农产品优势产区、重要集散地和大中城市等集中消费地，建立区域性农产品冷链物流公共信息平台。推进开发应用管理软件，如市场供求、客户服务、库储控制、运输和交易管理等，健全信息收集、处理和发布系统。

（5）**大力发展第三方贮藏保鲜企业**。从全球发展趋势看，第三方物流是未来市场主体。应政策倾斜，重点培育一批实力雄厚、辐射带动强的大型农产品贮藏保鲜企业。如大型生鲜农产品生产企业，在产、销地建设低温保鲜设施，实现源头低温控制，发展冷链运输和低温销售，产销对接，健全冷链物流体系。鼓励大型零售企业，建设生鲜食品配送中心，逐步发展为社会提供公共服务的第三方冷链物流中心。

（6）**提升农民的贮藏保鲜意识**。果蔬产品能否很好地被贮藏和保鲜，这牵涉到农民的收入稳定问题。如果农民能够很好地利用已有的冷库或者各类冷藏设备，那么就可以选择合适的时机出售产品，而不必为了防止果蔬腐烂而集中出售，降低农民在议价过程中的话语权。因此，要加强对农民的宣传，提高农民对生鲜农产品贮藏保鲜的认知度，使广大农民从“田间”到“餐桌”，全程关注产品的质量和品质。

## 4.4 小结及建议

本章梳理了我国果蔬贮藏保鲜产业的发展现状和存在的主要问题，同时系统总结了发达国家在贮藏保鲜方面的经验做法和带给我国的启示，得出以下几个主要结论。

我国的贮藏保鲜产业起步晚，发展速度快，贮藏保鲜的方式日益趋向多样化，但贮藏保鲜标准体系还较为落后，农民、流通企业和消费者对贮藏保鲜的认知度、接受度和需求度有所不同。

受地理位置、经济社会发展速度不同的影响，我国的贮藏保鲜产业较发达国家还存在一定的差距，贮藏的标准体系不完善，一些贮藏的基础设施建设存在投入不足和重复建设问题等。

发达国家的贮藏保鲜产业起步早，积累了先进的经验做法，给我们提供了诸多启示。我们应该在完善贮藏保鲜的法律法规和标准、加强贮藏保鲜的基础设施建设、推进贮藏保鲜的信息化管理等方面有所加强。

# 5 我国果蔬纵向关联市场间价格传导路径

本书关注的是当农产品零售价格上涨时，收购价格上涨幅度较小，而当农产品零售价格下降时，收购价格下降幅度较大的这种非对称价格传递现象。在对这一现象产生的原因进行分析之前，需要首先明确农产品的价格传导路径是能够由零售价格传导到收购价格的，这是本书中非对称价格传导的前提条件。从理论上来说，农产品价格传导方向可能是由上游的收购价格传导到下游的零售价格，也有可能是由下游的零售价格传导到上游的收购价格，这需要结合不同的产品和特定时期进行实证检验。而以往关于非对称价格传导的研究中，并没有明确非对称价格的传导路径如何。

对此，本章结合果蔬产品的实际情况，明确本书的非对称价格传导路径是否由果蔬的零售价格传导到收购价格。如果能够实证果蔬纵向关联市场间的传导路径是由零售价格传导到收购价格，那么也为下一章探讨导致果蔬非对称价格传递的因素做好铺垫。

果蔬纵向关联市场间的价格传导路径如何，这取决于果蔬产业链上哪个环节的市场占据主导地位。就收购价格较多地反映农产品供给因素而零售价格较多地反映消费需求因素而言，分析果蔬产业链上哪个环节的市场占据主导地位，就是分析果蔬纵向关联市场上果蔬的供给情况和消费情况的基本态势及其各自的重要性。在此基础上，本章进一步厘清了果蔬上下游价格传导关系机理，并用已有的时序列数据进行实证检验。

## 5.1 我国果蔬的供需发展现状

水果、蔬菜在我国居民消费中占有重要地位，是人们日常生活不可或缺的副食品，在满足居民身体健康和实现居民食品消费种类多样化中发挥着重要作用。果蔬产业的发展壮大，对于城乡果农、菜农经济效益和人们生活需要关系重大，在实现食品多样化、扩大劳动就业、拓展出口贸易等方面发挥了重要作用。本小节主要分析果蔬供给市场发展的基本情况和需求市场发展的基本情况，并总结出两个市场各自的重要性。

果蔬的供给由本国的生产和从国外的进口构成，果蔬的需求由本国消费者的需求和出口到国外的需求构成。

### 5.1.1 我国果蔬的供给发展现状

一般来说，农产品国内市场的供应量主要来源于一国的生产，除此之外，也包含从其他国家的进口。近年来，我国果蔬的生产量迅速提高，同时随着对外贸易开放程度的提高，从国外进口的果蔬产量增多、品种多样，使得我国的果蔬供给市场更加充分。

**(1) 果蔬的生产概况**。首先，从总产量上来看，自 2000 年以来，我国果蔬总产量一直在快速增长。如表 5-1 所示，蔬菜的总产量从 2000 年的 45 607 万吨增长到 2010 年的 63 800 万吨，增幅达 139.89%。水果的总产量从 2000 年的 6 225.1 万吨增长到 2010 年的 21 401.4 万吨，产量是 2000 年的 3.44 倍，年平均增长速度达到了 11.9%。其中主要品种苹果、柑橘和梨产量也一直保持增长趋势，年平均增长速度分别为 4.5%、10.5%、5.4%。

**表 5-1　2000—2010 年我国果蔬产量**

单位：万吨，%

| 年份 | 蔬菜总产量 | 水果总产量 | 其中： | | |
|---|---|---|---|---|---|
| | | | 苹果 | 柑橘 | 梨果 |
| 2000 | 45 607 | 6 225.1 | 2 043.1 | 878.3 | 841.2 |
| 2001 | 48 337 | 6 658.0 | 2 001.5 | 1 160.7 | 879.6 |
| 2002 | 52 860 | 6 952.0 | 1 924.1 | 1 199.0 | 930.9 |
| 2003 | 54 032 | 14 517.4 | 2 110.2 | 1 345.4 | 979.8 |
| 2004 | 55 064 | 15 340.9 | 2 367.5 | 1 495.8 | 1 064.2 |

（续）

| 年份 | 蔬菜总产量 | 水果总产量 | 其中： | | |
|---|---|---|---|---|---|
| | | | 苹果 | 柑橘 | 梨 |
| 2005 | 56 449 | 16 120.1 | 2 401.1 | 1 591.9 | 1 132.4 |
| 2006 | 58 325 | 17 102.0 | 2 605.9 | 1 789.8 | 1 198.6 |
| 2007 | 56 452 | 18 136.3 | 2 786.0 | 2 058.3 | 1 289.5 |
| 2008 | 59 240 | 19 220.2 | 2 984.7 | 2 331.3 | 1 353.8 |
| 2009 | 61 823 | 20 395.5 | 3 168.1 | 2 521.1 | 1 462.3 |
| 2010 | 63 800 | 21 401.4 | 3 326.3 | 2 645.2 | 1 505.7 |
| 年平均增长速度 | 3.45 | 11.9 | 4.5 | 10.5 | 5.4 |

数据来源：《中国统计年鉴》(2011)；农业部网站。

其次，从单产方面来看，近年来果蔬的单产在不断地增长。如图 5-1 所示，蔬菜的单产从 1999—2001 年的每公顷 18.75 吨增加到 2008 年的每公顷 19.01 吨，2009 年单产水平有所下降，不过总体上来说，蔬菜的单产也在保持较为稳定的增长态势。对于水果来说，梨单产从 2000 年的 8.33 吨/公顷增加到 2009 年的 13.32 吨/公顷，与世界平均水平的差距从 2.13 吨/公顷减少到 0.86 吨/公顷。苹果的单产从 2000 年的 9.06 吨/公顷增加到 2009 年的 14.20 吨/公顷，从比世界平均水平低 1.9 吨/公顷变为比世界平均水平高出 0.61 吨/公顷。柑橘的单产从 2000 年的 4.58 吨/公顷增长到 2009 年的 11.95 吨/公顷，与世界的差距从 12.85 吨/公顷减少到 4.27 吨/公顷。此外，从我国三大水果品种单产与世界的比较中可以看出，我国三大水果的单产增长速度均高于世界平均水平，说明我国在增加水果单产方面取得了良好的成果。

综上所述，就国内生产来看，近年来我国果蔬的总产量不断增加，单产水平持续提高。这可能得益于以下两方面的影响：一是技术进步的影响。近年来，政府不断加大对果蔬品种、栽培技术及相关技术的研究投入，大大提高了果蔬的总产量和单产水平。二是“菜篮子”工程的贡献。为缓解我国农副食品供应偏紧的矛盾，农业部于 1988 年提出建设“菜篮子”工程。几期工程先后建立了中央和地方的肉、蛋、奶、水产、水果和蔬菜生产基地及良种繁育、饲料加工等服务体系，以保证居民一年四季都有新鲜蔬菜吃。“菜篮子”工程为生产稳定发展、产销衔接顺畅奠定了基础，在一定程度上扭转了我国过去农副食品供应长期短缺的局面。

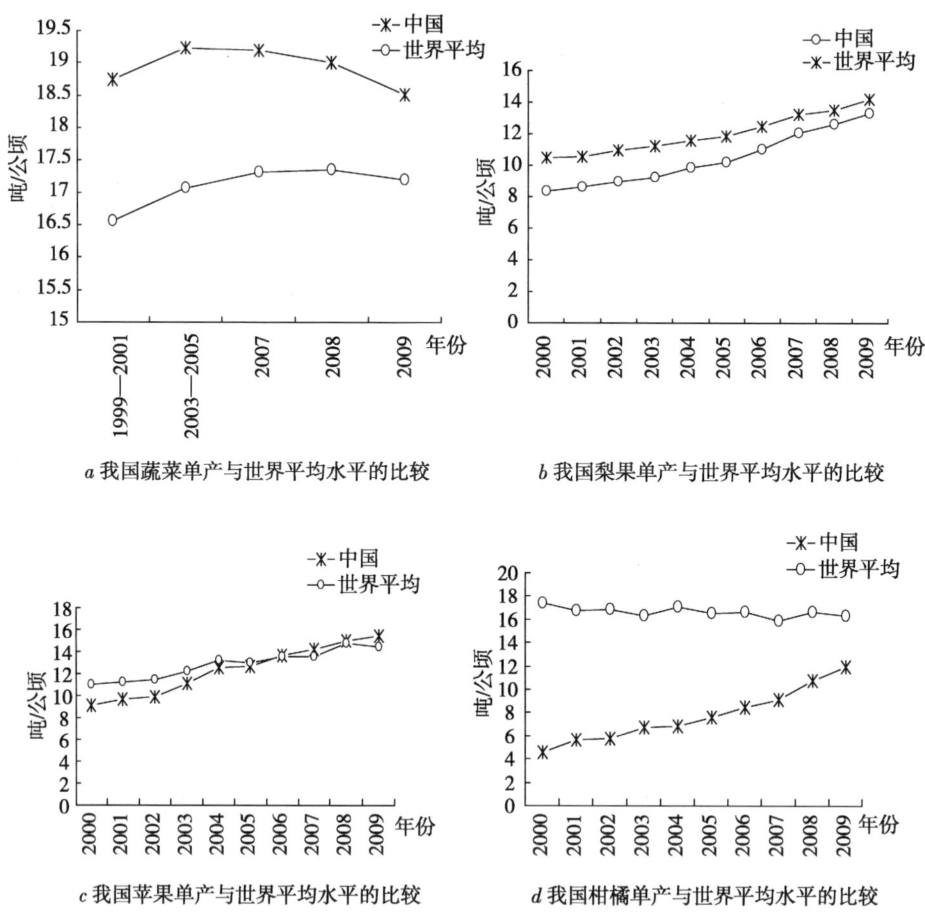


图 5-1　我国果蔬的单产与世界平均水平的比较

（数据来源：FAO Statistical Yearbook 2010）

(2) **果蔬的进口概况**。随着对外贸易的加大，我国农产品市场的市场开放程度也在不断地扩大。尤其是在加入 WTO 以来，我国果蔬的进口量也在增加。进口对国内供给市场的影响有两方面：一是增加了果蔬的供应总量；二是丰富了果蔬的供应种类。据海关统计的数据显示，我国 1995 年的蔬菜进口量是 2.4 万吨，2001 年这一数量增加到 10.04 万吨，2010 年的进口数量升至 15 万吨。从水果的进口来看，2000 年苹果的进口是 2 547 万吨，2002 年这一数据扩大到 5 601 万吨，到 2010 年的进口量为 6 688 万吨。据测算，进口水果约占各类水果流通量的 10%。此外，进口果蔬满足了人们对果蔬消费多样化的需求，洋水果、洋蔬菜以其外形漂亮、色彩艳丽、包装精美，能够满足人们对果蔬口味和外观，以及果蔬的营养美容功能的需求，而不仅仅是传统上用于解渴等简单用途。

总之，随着近年对外开放程度的提高，农产品国际贸易的增强，这些变化实质上都有促进果蔬供给商品弹性增加的反应，再加上进口的果蔬对满足国内多样化需求起到了促进作用，这都说明国内的果蔬供给市场更加充分。

### 5.1.2　我国果蔬的需求发展现状

与果蔬的供给类似，对我国农产品市场的需求量不仅来源于一国居民的消费总量，也来源于其他国家的消费量。近年来，随着我国居民收入的提高，消费者对果蔬的需求量不仅大大增加，而且更加注重产品质量、安全程度、规格和营养健康方面的标准，同时，近年来果蔬在国外市场上的需求量不断增长，但果蔬产品的出口屡屡受到贸易壁垒、食品安全事件的冲击和影响，因此，果蔬需求市场的主导地位越来越明显。

**(1) 居民对果蔬的消费概况**。首先，就总量而言，我国果蔬的需求量呈现稳定增长的态势，果蔬的消费在居民的食品消费中占据日益重要的作用。如表 5-2所示，我国城镇居民人均水果消费量变化趋势比较稳定，1990—2010年，随着收入水平的提高，居民人均水果消费量逐年提高，随后稳定在 55 千克左右。农村居民人均水果消费量与城镇类似，总体上呈现出增长的态势，1990—2000 年消费量快速增加，但 2000—2010 年消费量增长速度明显减慢，近三年稳定在 20 千克左右。从水果支出额的变化趋势中可以看出，随着居民收入的不断提高，我国城镇居民人均水果支出额在逐年增加，从 2001 年的 131.26 元增长到 2010 年的 378.75 元，但水果的支出额占食品支出额的比重基本保持在 7.5%的水平，每年有较小的波动。此外，与从表 5-2 的数据可以看出，我国城镇居民人均蔬菜消费量变化相对比较稳定，1990—1995 年有一段大幅度的下降，然后变化趋于稳定，保持在 116～124 千克的水平，而农村居民由于生活水平的提高，也越来越注重营养的均衡，蛋奶肉的消费量增多，而原来作为主要摄入类型的蔬菜和粮食则有所减少，农村居民人均蔬菜消费量由 1990 年 134 千克下降到 2010 年的 93.28 千克。不过从蔬菜支出占食品总支出额的比例近年不断增加的事实可以判断（表 5-3），蔬菜消费在居民消费的饮食结构中的作用日益突出。

**表 5-2　我国城乡居民人均果蔬消费量**

单位：千克

| 年份 | 水果 | | 蔬菜 | |
|---|---|---|---|---|
| | 城镇居民人均消费量 | 农村居民人均消费量 | 城镇居民人均消费量 | 农村居民人均消费量 |
| 1990 | 41.11 | 5.89 | 138.70 | 134.00 |
| 1995 | 44.96 | 13.01 | 116.47 | 104.62 |
| 2000 | 57.48 | 18.31 | 114.74 | 106.74 |
| 2005 | 56.69 | 17.18 | 118.58 | 102.28 |
| 2008 | 54.48 | 19.37 | 123.15 | 99.72 |
| 2009 | 56.55 | 20.54 | 120.45 | 98.44 |
| 2010 | 54.23 | 19.64 | 116.11 | 93.28 |

注：农村居民人均水果消费量数据用瓜果及其制品代替。

数据来源：《中国统计年鉴》(2011)。

**表 5-3　我国城镇居民果蔬消费支出变化情况**

单位：%

| 年份 | 水果支出额占食品支出额的比重 | 蔬菜支出额占食品支出额的比重 |
|---|---|---|
| 2001 | 6.52 | 9.65 |
| 2002 | 7.38 | 9.40 |
| 2003 | 7.24 | 9.78 |
| 2004 | 7.00 | 9.47 |
| 2005 | 7.08 | 9.45 |
| 2006 | 7.72 | 9.59 |
| 2007 | 7.50 | 9.61 |
| 2008 | 6.89 | 9.61 |
| 2009 | 7.43 | 9.97 |
| 2010 | 7.88 | 10.44 |

数据来源：《中国统计年鉴》(2011)。

其次，随着我国城市化、工业化的不断推进，人们对果蔬质量、安全程度、生态和标准化的需求呈现出更加快速增长的势头，这对我国目前果蔬需求市场的影响越来越明显。近期被媒体曝光的食品安全事件呈逐年攀升之势，其中不仅披露了大量"黑作坊"通过制假售假谋取暴利的恶劣行径，也揭示了一些知名大企业为追求自身利益不惜损害公众权益的不道德行为。随着类似事件曝光率的不断增大，消费者的需求迅速下降。就果蔬市场而言，近年来西瓜使用过量膨大剂而导致爆炸事件，造成消费者对西瓜需求迅速下降；"海南毒豇豆"事件导致消费者对豇豆需求的迅速下降，甚至引发了整个海南蔬菜工业企业的商业诚信危机，许多超市叫停了所有产自海南的蔬菜采购；"柑橘蛆虫"事件等一系列食品安全性事件的连续发生，使人们对食品的安全性产生信任危机，导致"国民食品恐惧症"，而这直接导致消费者对食品需求量的下降，进而对这个产业链条上的其他环节造成影响。

**(2) 果蔬的出口概况**。我国农产品市场对外贸易在不断扩大，这不仅在增加国内市场供应和丰富产品多样化方面做出了贡献，更重要的是，果蔬在我国属于劳动密集型作物，具有一定的出口竞争力，这为我国增加出口创汇和农户增收提供了可能性。从出口量上来说，如图 5-2、图 5-3 所示，近年来我国蔬菜的出口量呈现出增长的态势，但是从 2007 年以后蔬菜出口数量增长缓慢，2009 年更是出现了小幅下滑，2010 年有所恢复。从出口额来看，蔬菜的出口一直处于增长的态势，2010 年出口额相比于 2009 年增长了 45.2%，超过以往历年的增长率。2010 年蔬菜出口贸易继续大幅增长，据我国海关统计的数据显示，2010 年 1—6 月份蔬菜累计出口额 58.3 亿美元，同比增长 39.5%。对于水果来说，从我国水果的出口金额可以看出，水果出口金额一直处于上升态势，到 2010 年出口金额达到了 26.79 亿美元，是 2000 年出口金额的 6.4 倍。从出口数量上来说，以苹果为例，2000—2009 年出口量总体上处于增长的态势，2009 年出口量达到了 117 180 万吨，是 2000 年的 3.9 倍。2010 年苹果的出口量首次出现了下降。

果蔬作为劳动密集型作物，在我国具有一定的比较优势，由上文可知，国际市场对我国果蔬的需求总体上保持增长的态势，但同时可以看出果蔬的出口量并不稳定，经常处于波动的状态，由此可以看到我国果蔬的出口容易受到国际市场的影响。尤其是近年来，我国果蔬出口屡遭国外以"质量安全"为由的技术性贸易壁垒阻挡，造成重大经济损失。据调查，一般进入欧盟、美国等国际市场的农产品，需要通过 ISO 9000、HACCP、EUERPGAP 等认证，要求具备动植物检疫证书、质量验证证书、原产地证书，还要通过进口国工厂的验货或出具国际认可的第三方检验机构的相关证明。国际上通过越来越多的技术阻力直接对果蔬的需求市场产生影响，并进一步通过产业链对果蔬的生产等带来重大影响。

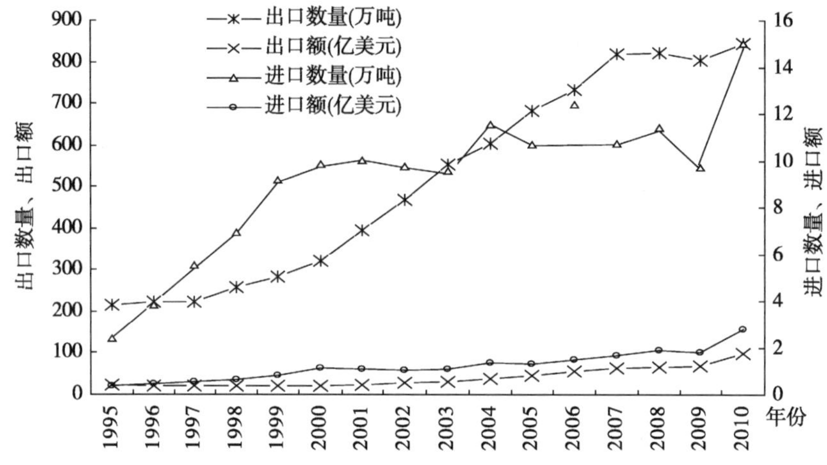


图 5-2　我国蔬菜进出口数量与金额

（数据来源：FAO Statistical Yearbook 2010）

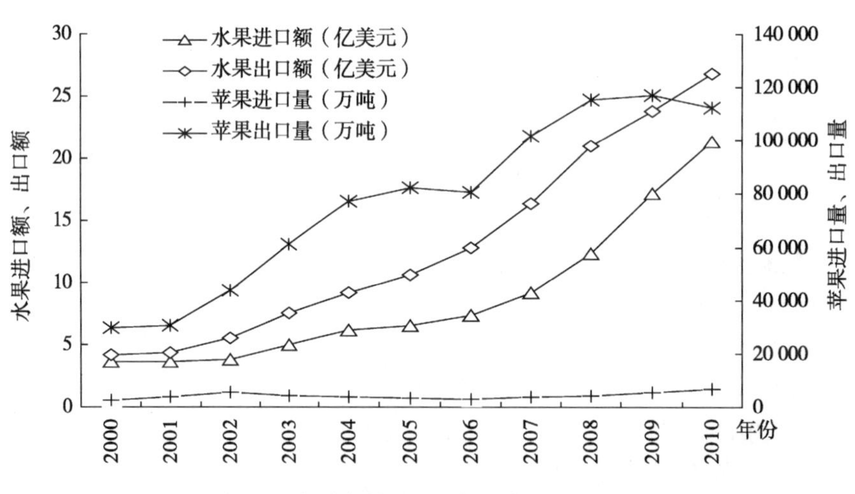


图 5-3　我国水果进出口额及苹果进出口量

（数据来源：FAO Statistical Yearbook 2010）

综上所述，近年来，我国果蔬的供给和需求都取得了快速的发展。随着技术进步、我国“菜篮子”工程的推进和果蔬进口的增加，我国在提高果蔬供给总量、增加食品多样性以及改进国民营养状况方面取得了令人瞩目的成就，我国的果蔬食品工业已发展成为门类比较齐全，既能基本满足国内市场需求，又具有一定出口竞争能力的产业，果蔬的供给总体比较充分。但就果蔬需求而言，随着近年来居民人均收入的提高，人们对水果、蔬菜的安全程度、质量和口味等方面更加关注，且由此催生出的贸易和技术壁垒也更加严苛，这深刻地影响食品的需求市场及整个食品产业链。因此，对于我国来说，果蔬需求市场在整个产业链当中的地位越来越重要。

## 5.2　果蔬纵向关联市场间价格波动及传导路径分析

### 5.2.1　果蔬纵向关联市场间的价格波动情况

在果蔬纵向关联市场上，可以将主产地价格视作果蔬的收购价格，将主销地价格视作果蔬的零售价格。由图 5-4 至图 5-7 可见，本书所选取的苹果、梨果、香蕉和柑橘四种产品的零售价格与收购价格尽管总体走势基本一致，但我们可以发现的是，收购价格的变动较零售价格而言具有一定的滞后性，且收购价格上涨的幅度比零售价格上涨幅度小。图 5-8 至图 5-13 显示了蔬菜市场零售价格和收购价格变动的情况，与水果价格的波动特征类似，蔬菜的收购价格也滞后于零售价格的变化情况。

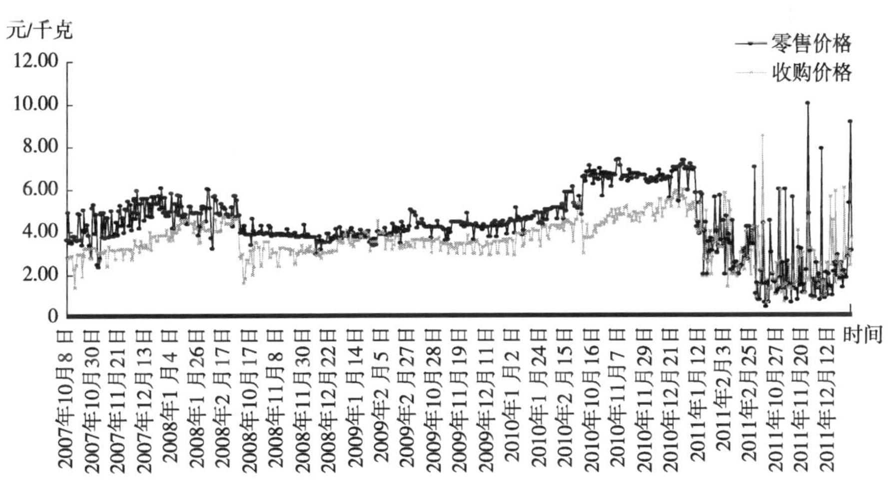


图 5-4　近年来苹果收购价格与零售价格变动趋势

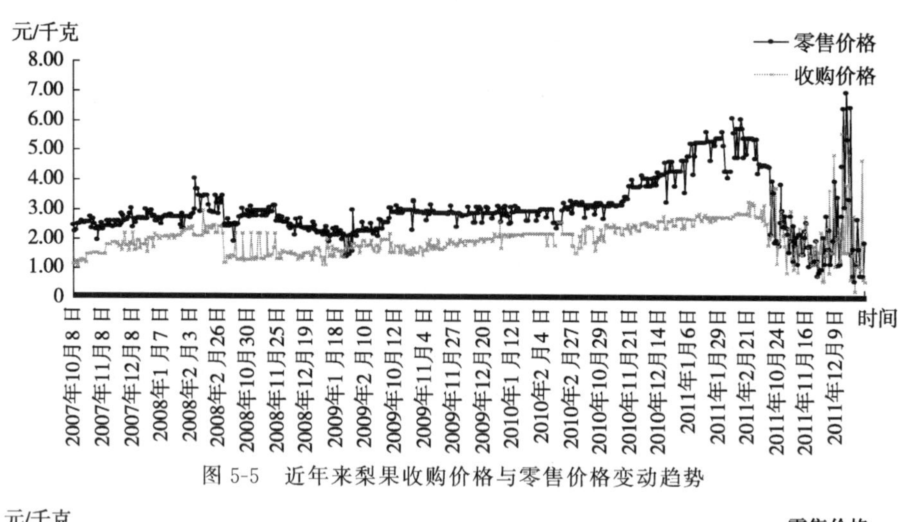

图 5-5　近年来梨果收购价格与零售价格变动趋势

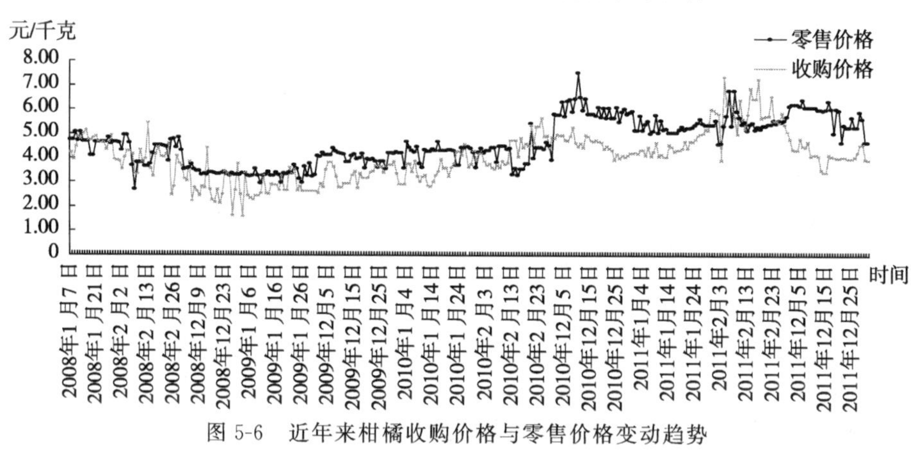

图 5-6　近年来柑橘收购价格与零售价格变动趋势

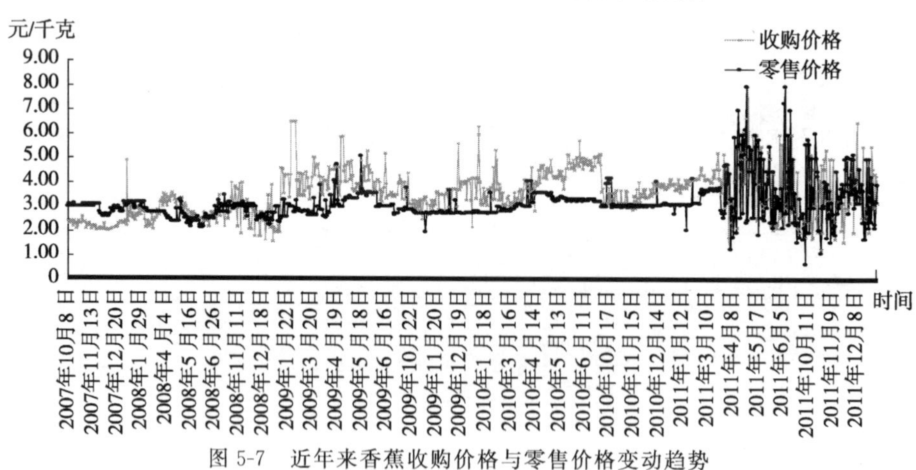

图 5-7　近年来香蕉收购价格与零售价格变动趋势

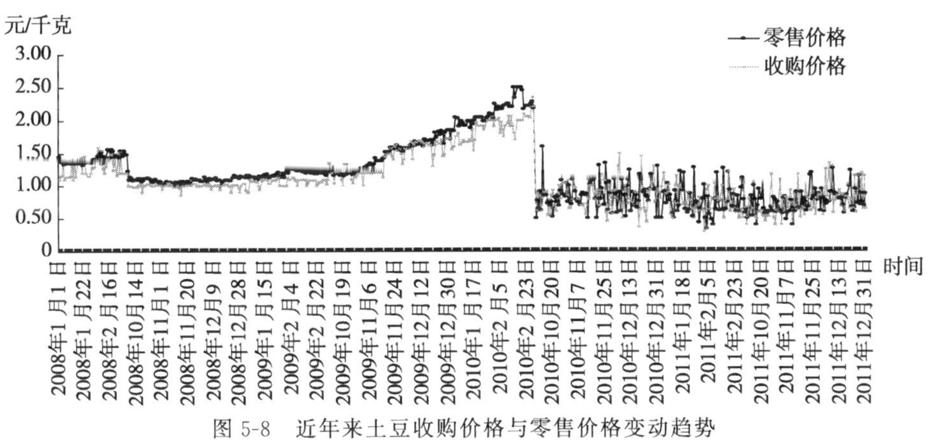


图 5-8 近年来土豆收购价格与零售价格变动趋势

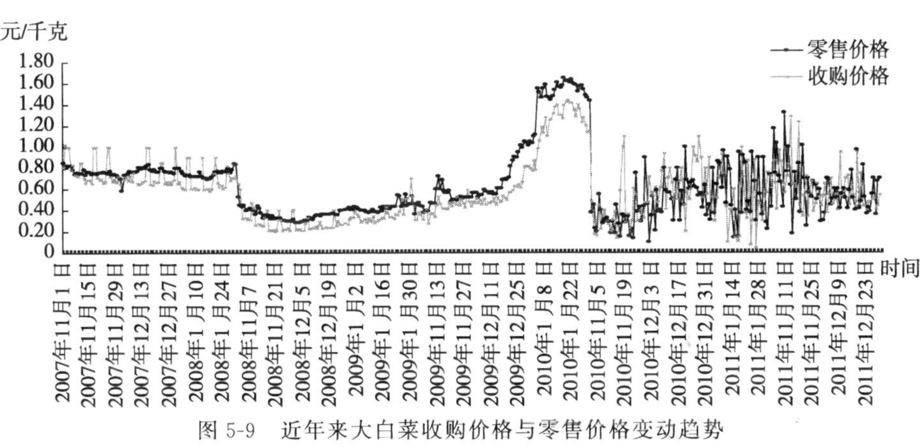


图 5-9 近年来大白菜收购价格与零售价格变动趋势

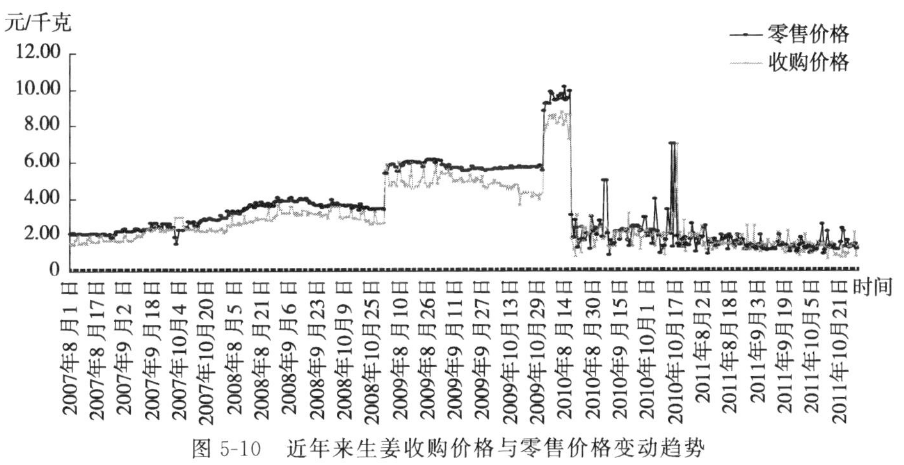


图 5-10 近年来生姜收购价格与零售价格变动趋势

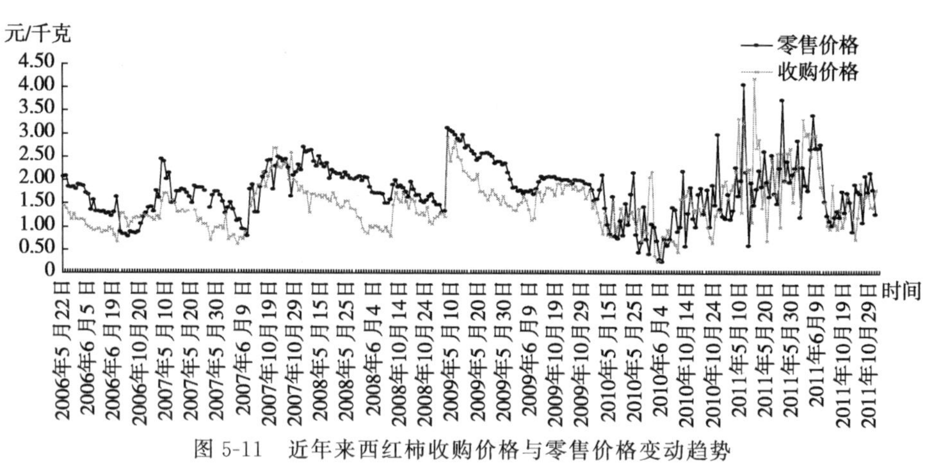


图 5-11　近年来西红柿收购价格与零售价格变动趋势

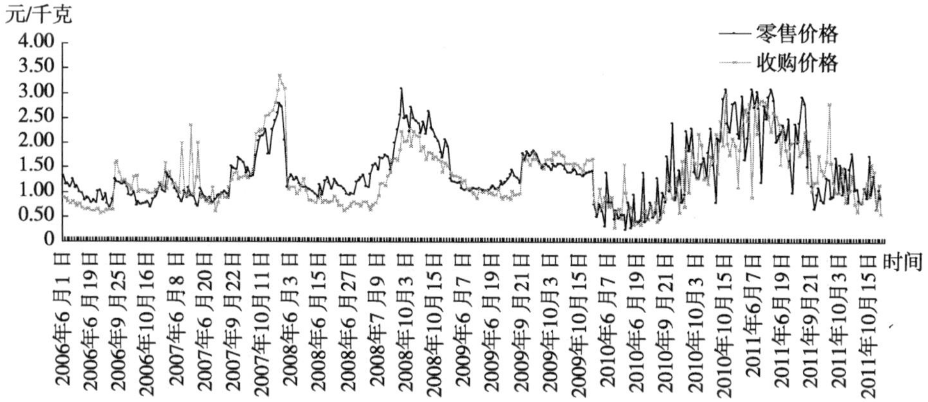

图 5-12　近年来黄瓜收购价格与零售价格变动趋势

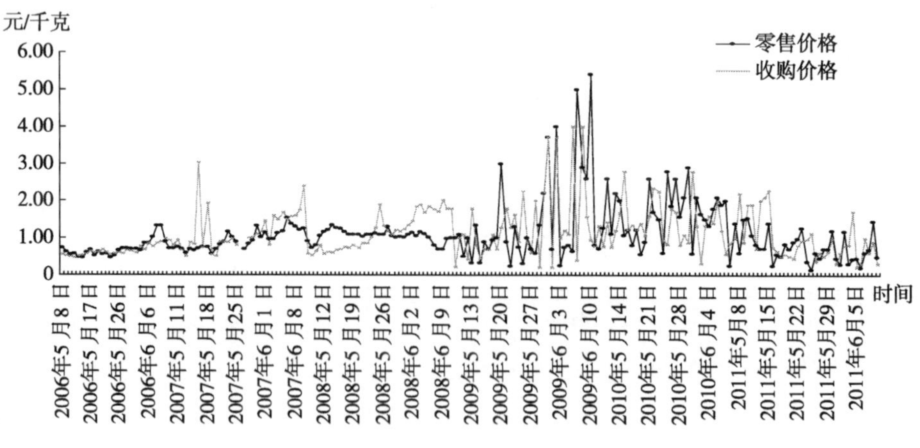


图 5-13　近年来菠菜收购价格与零售价格变动趋势

通过以上各图可以观察到，近年来果蔬纵向关联市场间价格波动幅度具有放大的趋势，同时对二者的关系简单推测为：果蔬零售价格对收购价格具有传导效果，而果蔬收购价格对零售价格的传导作用不那么显著，但其价格传导的真实关系还需严格的统计检验。

### 5.2.2　果蔬纵向关联市场间价格传导路径分析

根据前文已有的研究结论可知，对我国农产品纵向关联市场间价格传导路径的研究结论并不一致，因此，这就需要结合我国经济发展的阶段性特征和具体的产品类型来分析价格传导关系。

通过上述对果蔬供求市场的分析发现，对于我国果蔬产业链来说，需求市场在整个纵向关联市场上的地位越来越重要，零售价格有可能成为上游收购价格的“风向标”。具体来看，我国工业化和城市化达到了一定的水平，随着居民收入的提高，城市消费升级对农产品质量等方面的关注日益提高，这为我国农产品上下游市场的发展和变化提供了动力（洪银兴等，2009）。工业化和城市化的发展对农产品供需市场的具体影响：一是在农产品供给方面，工业化水平具备了提高果蔬生产、加工、销售的资本密集程度和技术密集程度的条件，因此城市和工业部门的资本流向果蔬部门，对农产品产业的生产和加工的投资增多，这有促进供给农产品的弹性增加的效应。二是在农产品需求方面，在城市化的过程中，城乡居民收入提高，这些变化使得人们对果蔬质量、安全程度和标准化的需求呈现快速增长的势头，上游环节尤其是种植、加工环节供给能力较为充分，具体来说，我国的水果、蔬菜产大于需，多用于出口，近年来净出口量呈现持续增长的态势，与2001年相比，2009年水果净出口量的涨幅为409.47%，蔬菜净出口量的涨幅为106.59%。但上游环节的生产主体对消费者（尤其是城市消费者）信息了解不够敏感，相反，农产品下游终端可以直接面对不断变化和升级的消费需求。果蔬市场亦如此。

此外，发达国家过去20年的经验也表明，随着人均收入上升和城市化水平的提高，人们对水果、蔬菜等非传统农产品的需求快速增加（非传统农产品是相对于传统、大宗的农产品来说的，水果、蔬菜等产品的特征为收入需求弹性高，产品差异化程度较大，生产过程中对农药等化学物质较为敏感，受污染风险较大。而后者，如粮食，一般类似于标准化产品，产品的有关质量、安全属性明显，可观察）；伴随着这种消费模式的变化，下游的大型零售商不断将消费者对这类产品质量、品种、季节性的要求通过特定的组织方式贯彻到产品生产和加工环节，下游环节的零售商逐渐成为水果、蔬菜等生鲜农产品生产和销售的牵引者（Hazell，2007；洪银兴、郑江淮，2009）。

因此，我国果蔬的上游供给市场可能会受到下游需求市场的带动和影响，也就是说，下游市场的零售价格对上游的收购价格的带动和预测能力更强。

## 5.3 实证分析

### 5.3.1 数据及处理过程

**(1) 数据来源说明**

为了实证分析果蔬收购价格和零售价格间的传导路径如何，本章利用苹果、梨果、柑橘、香蕉、土豆、生姜、大白菜、黄瓜、西红柿和菠菜这 10 种产品的数据进行检验。由于受到数据可获性的限制，本章仅选择了主产地的批发价格来代替农产品的收购价格，用主销地的批发价格来代替零售价格。具体数据在前文中已做出说明，可以发现，由于各个产品的收获供应期有所差异，因此不同产品的样本量均有所差异。本章数据均来自于中国农业信息网站的公开数据。

**(2) 数据平稳性检验**

本章首先需要对所选择的价格数据序列做平稳性检验，检验方法采用 ADF 单位根检验法。在式 5-1 中，$\Delta P_t = P_t - P_{t-1}$，$\alpha$ 为常数项，$\delta$、$\lambda$、$\beta$ 为系数，$\varepsilon_t$ 为误差项，$k=1$，2，3，…，$n$。式 5-1 中原假设 $H_0:\rho = 0$；备则假设 $H_1$ 为$:\rho < 0$。通过检验参数 $t$ 统计量，如果拒绝原假设，则说明序列 $P_t$ 无单位根，序列平稳。如果 $P_t$ 为非稳定的时间序列，要用 $\Delta P_t$ 代替式 5-1 中的 $P_t$，继续对其一阶差分进行检验。如果仍无法拒绝原假设，还必须用 $\Delta^2 P_t$ 代替 $\Delta P_t$ 进行检验。重复进行以上过程，直到得出一个稳定的差分，以判定时间序列稳定的阶数。

$$\Delta P_t = \alpha + \delta P_{t-1} + \lambda t + \sum_{k=1}^{n} \beta \Delta P_{t-k} + \varepsilon_t \tag{5-1}$$

由表 5-4 可知，苹果、梨果、香蕉、柑橘、土豆、生姜、大白菜、黄瓜、西红柿和菠菜 10 种产品的零售价格和收购价格都是同阶单整的，因此这些价格序列是稳定的时间序列数据，满足协整检验的前提。

**表 5-4　数据平稳性检验**

| 产品 | 序列 | 检验准则 | $T$ 值 | $P$ 值 | 结论 |
|---|---|---|---|---|---|
| 苹　果 | $P_f$ | $(c,0,0)$ | −2.023 6 | 0.276 4 | 不平稳 |
| | $D(P_f)$ | $(0,0,0)$ | −8.669 7 | 0.000 0 | 平　稳 |
| | $P_r$ | $(c,0,0)$ | −2.189 7 | 0.211 4 | 不平稳 |
| | $D(P_r)$ | $(0,0,0)$ | −3.558 8 | 0.000 5 | 平　稳 |
| 梨　果 | $P_f$ | $(c,0,0)$ | −3.400 4 | 0.012 5 | 平　稳 |
| | $D(P_f)$ | $(0,0,0)$ | −11.287 8 | 0.000 0 | 平　稳 |
| | $P_r$ | $(c,0,0)$ | −2.218 4 | 0.200 7 | 不平稳 |
| | $D(P_r)$ | $(0,0,0)$ | −12.452 9 | 0.000 0 | 平　稳 |
| 香　蕉 | $P_f$ | $(0,0,0)$ | 0.021 6 | 0.687 1 | 不平稳 |
| | $D(P_f)$ | $(0,0,0)$ | −5.185 5 | 0.000 0 | 平　稳 |
| | $P_r$ | $(0,0,1)$ | 0.183 7 | 0.737 3 | 不平稳 |
| | $D(P_r)$ | $(0,0,0)$ | −3.370 9 | 0.001 0 | 平　稳 |
| 柑　橘 | $P_f$ | $(c,0,0)$ | −2.625 5 | 0.090 1 | 平　稳 |
| | $D(P_f)$ | $(0,0,0)$ | −10.256 3 | 0.000 0 | 平　稳 |
| | $P_r$ | $(c,0,0)$ | −2.560 6 | 0.103 6 | 不平稳 |
| | $D(P_r)$ | $(0,0,0)$ | −11.729 1 | 0.000 0 | 平　稳 |
| 土　豆 | $P_f$ | $(0,0,0)$ | 0.149 8 | 0.727 2 | 不平稳 |
| | $D(P_f)$ | $(0,0,0)$ | −5.856 4 | 0.000 0 | 平　稳 |
| | $P_r$ | $(0,0,0)$ | 0.189 6 | 0.739 0 | 不平稳 |
| | $D(P_r)$ | $(0,0,0)$ | −5.833 7 | 0.000 0 | 平　稳 |
| 生　姜 | $P_f$ | $(c,0,0)$ | −2.124 0 | 0.235 7 | 不平稳 |
| | $D(P_f)$ | $(0,0,0)$ | −11.590 5 | 0.000 0 | 平　稳 |
| | $P_r$ | $(0,0,0)$ | −0.673 0 | 0.424 0 | 不平稳 |
| | $D(P_r)$ | $(0,0,0)$ | −8.657 8 | 0.000 0 | 平　稳 |
| 大白菜 | $P_f$ | $(c,0,0)$ | −4.067 9 | 0.001 2 | 平　稳 |
| | $P_r$ | $(0,0,0)$ | −6.586 5 | 0.000 0 | 平　稳 |
| 西红柿 | $P_f$ | $(0,0,0)$ | −0.592 5 | 0.458 0 | 不平稳 |
| | $D(P_f)$ | $(0,0,0)$ | −6.972 2 | 0.000 0 | 平　稳 |
| | $P_r$ | $(0,0,0)$ | −0.555 5 | 0.473 9 | 不平稳 |
| | $D(P_r)$ | $(0,0,0)$ | −5.777 9 | 0.000 0 | 平　稳 |
| 黄　瓜 | $P_f$ | $(0,0,0)$ | −2.600 9 | 0.009 2 | 平　稳 |
| | $P_r$ | $(c,0,0)$ | −6.103 8 | 0.000 0 | 平　稳 |
| 菠　菜 | $P_f$ | $(c,t,3)$ | −4.776 3 | 0.000 8 | 平　稳 |
| | $P_r$ | $(c,0,0)$ | −6.001 0 | 0.000 0 | 平　稳 |

注：单位根检验结果主要通过1%显著水平下的 $P$ 检验值，检验准则为（$c$，$t$，$n$），$c$ 表示含有常数项，$t$ 表示含有趋势项，$n$ 表示滞后的阶数。符号 D 表示一阶差分，即表中所列 $D(P_f)$ 和 $D(P_r)$ 均为一阶差分后序列。

数据来源：根据 Eviews 6.0 软件计算得出。

**(3) 协整检验**

本章此处进一步运用恩格尔—格兰杰两步法，对上述不同产品的收购价格和零售价格的协整性进行分析。要检验时间序列是否存在协整关系，主要是对式 5-2 的残差 $\varepsilon_t$ 进行 ADF 单位根检验。由于在协整检验回归中随机扰动项的期望值被假设为零，而且已经剔除了时间趋势，所以在对 $\varepsilon_t$ 进行平稳性测试时不包含常数项和趋势项。如果残差存在单位根，则认为两个时间序列不协整，即市场不整合，如果拒绝残差存在单位根，则时间序列协整，即市场整合。

$$P_{it} = \alpha + \beta P_{jt} + \lambda t + \varepsilon_t \tag{5-2}$$

根据两步法的过程，本章第一步首先按照式 5-2 分别建立苹果、梨果、香蕉、柑橘、土豆、生姜、大白菜、西红柿、黄瓜、菠菜 10 种产品的线性回归方程，得到式 5-3 至式 5-12。

$$\ln PG_f = 1.600\,0 + 0.446\,4 \ln PG_r \tag{5-3}$$
$$(16.68)\ (21.46)$$

$$\ln LG_f = 0.989\,9 + 0.337\,2 \ln LG_r \tag{5-4}$$
$$(16.32)\ (17.74)$$

$$\ln XJ_f = 2.500\,3 + 0.331\,8 \ln XJ_r \tag{5-5}$$
$$(18.48)\ (7.91)$$

$$\ln GJ_f = 1.007\,1 + 0.654\,7 \ln GJ_r \tag{5-6}$$
$$(4.63)\ (14.26)$$

$$\ln TD_f = 0.195\,1 + 0.770\,8 \ln TD_r \tag{5-7}$$
$$(8.95)\ (44.38)$$

$$\ln SJ_f = 0.279\,5 + 0.780\,9 \ln SJ_r \tag{5-8}$$
$$(5.22)\ (56.77)$$

$$\ln DBC_f = 0.143\,0 + 0.685\,3 \ln DBC_r \tag{5-9}$$
$$(7.24)\ (24.62)$$

$$\ln XHS_f = 0.520\,1 + 0.554\,3 \ln XHS_r \tag{5-10}$$
$$(5.92)\ (11.87)$$

$$\ln HG_f = 0.314\,0 + 0.719\,7 \ln HG_r \tag{5-11}$$
$$(5.68)\ (19.94)$$

$$\ln BC_f = 0.819\,4 + 0.283\,7 \ln BC_r \tag{5-12}$$
$$(9.77)\ (4.47)$$

第二步对上述 10 个回归方程的残差项进行 ADF 单位根检验，结果如

表 5-5所示。从表中可知，残差项的单位根检验结果均显示序列平稳，即 $I(0)$，由此可以看出这 10 种产品的收购价格和零售价格均存在长期的协整关系。

**表 5-5　残差的平稳性检验**

| 产品种类 | ADF 统计值 | 1%临界值 | 结论 |
|---|---|---|---|
| 苹　果 | −18.534 7 | 0.000 0 | 序列平稳 |
| 梨　果 | −22.302 6 | 0.000 0 | 序列平稳 |
| 香　蕉 | −16.899 3 | 0.000 0 | 序列平稳 |
| 柑　橘 | −7.282 3 | 0.000 0 | 序列平稳 |
| 土　豆 | −21.041 6 | 0.000 0 | 序列平稳 |
| 生　姜 | −20.598 6 | 0.000 0 | 序列平稳 |
| 大白菜 | −15.155 0 | 0.000 0 | 序列平稳 |
| 西红柿 | −10.688 4 | 0.000 0 | 序列平稳 |
| 黄　瓜 | −12.715 6 | 0.000 0 | 序列平稳 |
| 菠　菜 | −13.595 3 | 0.000 0 | 序列平稳 |

数据来源：根据 Eviews 6.0 软件计算得出。

**(4) 格兰杰因果关系检验**

以上分析结果表明，苹果等 4 种产品上下游价格之间存在长期均衡关系，但是，这并没有揭示这几种产品价格之间的引导关系，还需进一步检验。本章用格兰杰因果关系检验方法来揭示这种引导关系。该方法对因果关系的定义是：如果一个变量的滞后值能帮助预测另一个变量，那么这个变量就是另一个变量的原因。这个方法还能帮助判断两个变量的非因果关系。具体方程如式 5-13 和式 5-14 所示

$$P_{rt} = \alpha_{z1} + \sum_{i=1}^{k} \alpha_i \cdot P_{rt-i} + \sum_{i=1}^{k} \beta_i \cdot P_{ft-i} + \mu_t ,(1 < i < k) \quad (5\text{-}13)$$

$$P_{ft} = \alpha_{z2} + \sum_{i=1}^{k} \alpha_i \cdot P_{ft-i} + \sum_{i=1}^{k} \beta_i \cdot P_{rt-i} + \varepsilon_t ,(1 < i < k) \quad (5\text{-}14)$$

在上述两个方程中，$\alpha_{z1}$ 和 $\alpha_{z2}$ 均为常数，$\alpha_i$ 和$\beta_i$ 分别是因变量滞后值和自变量滞后值的系数；下标 $i$ 表示时滞长度（本章的数据是按每天统计，因此它们为滞后天数）；$k$ 表示样本时期总长度；$\mu_t$ 和 $\varepsilon_t$ 为随机误差项。

两个方程中同时出现自变量和因变量，表明为未设限制的检验模型。这个检验模型的原假设为：$\beta_i$ 组整体系数为 0，如式 5-15 所示

$$H_0 : \beta_1 = \beta_2 \cdots = \beta_k = 0 \quad (5\text{-}15)$$

本章根据模型滞后期选择标准（一般根据 AIC 和 SC 最小的标准），确定上述 10 种产品的滞后阶数。苹果、香蕉、西红柿和土豆的滞后阶数为 10，即滞后数为 20 天。若这个原假设成立，自变量的滞后值对因变量没有预测力，即因变量不是自变量的格兰杰原因。两个自变量都可以从式 5-13 或式 5-14 中去掉。

此处检验的具体做法是：对式 5-13 和式 5-14 进行以等式 5-15 为限制条件的 Wald 联合检验（$F$ 检验）；当加入因变量后回归效果远好于不加入时，即 $F$ 统计数的 $P$ 值小于显著性（比如 5%或 10%），拒绝原假设，即可认为另一个价格是被解释价格的格兰杰原因。

### 5.3.2 实证结果分析

对于果蔬价格传导路径的实证检验，检验结果具体如表 5-6 所示。

总体上来看，果蔬价格的传导路径是由零售价格传导到收购价格。如表 5-6所示，对于苹果来说，当滞后阶数为 1、8、9 和 10 期时，式 5-13 在 10%的置信水平下无法拒绝原假设（收购价格不是零售价格的原因），式 5-14 则可以拒绝原假设（零售价格不是收购价格的原因），根据双向检验的结果可以认为滞后 1、8、9、10 期时，苹果的零售价格是收购价格的格兰杰原因，而反向关系不成立。当滞后阶数为 2～7 期时，式 5-13 和式 5-14 均显现出可以拒绝原假设的趋势，但结果不具有连续性，表明苹果的收购价格和零售价格互为因果关系但不稳定。对于梨果来说，当滞后期为 1、2、3 期时，梨果的收购价格和零售价格互为因果关系，而当滞后期为 4～10 期时，梨果的零售价格是收购价格的格兰杰原因，而反向关系不成立。同样，对于其他两种水果来说，在大多数的滞后期内，都表现出零售价格的变化领先于收购价格。土豆在滞后 1、4、5、6、7、8、9、10 期时，零售价格和批发价格互为因果关系；当滞后期为 2、3 时，在 10%的显著性水平上呈现单向因果关系，即零售价格是收购价格的格兰杰原因，而收购价格不是零售价格的格兰杰原因。由表 5-6 可知，在西红柿的纵向价格传递中，当滞后阶数为 1 期时，对两个方程的检验均可以拒绝原假设，即批发价格与零售价格存在双向格兰杰因果关系，滞后 2～10 期时，零售价格是收购价格的格兰杰原因。

从个别时期来看，果蔬的收购价格也会对下游的零售价格产生影响。如，苹果在滞后 2～7 期时，梨果在滞后 1～3 期时，香蕉在滞后 2 期时，柑橘在滞后 1、2 期时，土豆在滞后 1、4、5、6、7、8、9、10 期时，生姜在滞后 1、

6、7、8、9、10 期时，大白菜在滞后 1、2 期时，西红柿在滞后 1 期时，黄瓜在滞后 1、4、5、6 期时，菠菜在滞后 7、8、9 期时，收购价格和零售价格互为格兰杰因果关系。由此可以说明，近年来，我国洪水、冰雹等自然灾害事件频发，这些外部冲击可能使得果蔬的供给，在某些相对短暂的时期，会出现供给不足或者供给过剩的问题，此时，供给市场的地位可能更加突出，价格传递也可能表现为由上游的收购价格传导到下游的零售价格。

总之，果蔬零售价格的变化领先于收购价格。虽然在个别时期收购价格和零售价格互为因果关系，但至少在统计上无法证明收购价格先行于零售价格。而在绝大多数的时期，果蔬的零售价格是收购价格变动的先行指标，前者对后者有一定预测力。

**表 5-6　苹果等 10 种果蔬产品的 $P_f$ 与 $P_r$ 的格兰杰因果检验结果**

| 产品种类 | 原假设 | 滞后期 | F 统计量 | P 值 | 结论 |
|---|---|---|---|---|---|
| 苹　果 | 原假设 1 | 1 | 1.959 0 | 0.165 1 | 零售价格是当期收购价格的格兰杰原因，反向关系不成立 |
| | 原假设 2 | | 2.832 6 | 0.095 9 | |
| | 原假设 1 | 2… | 3.717 8 | 0.028 3 | 滞后 2～7 期各项互为格兰杰因果关系，但不稳定 |
| | 原假设 2 | | 13.332 1 | 0.000 0 | |
| | 原假设 1 | 8… | 1.716 3 | 0.110 6 | 滞后 8～10 期的零售价格是当期收购价格的格兰杰原因，反向关系不成立 |
| | 原假设 2 | | 3.688 3 | 0.001 2 | |
| 梨　果 | 原假设 1 | 1… | 0.269 8 | 0.061 6 | 滞后 1～3 期各项互为格兰杰因果关系 |
| | 原假设 2 | | 116.607 0 | 0.000 0 | |
| | 原假设 1 | 4… | 0.176 6 | 0.674 4 | 滞后 4～10 期的零售价格是当期收购价格的格兰杰原因，反向关系不成立 |
| | 原假设 2 | | 6.846 7 | 0.000 0 | |
| 香　蕉 | 原假设 1 | 1 | 2.505 5 | 0.117 1 | 零售价格是当期收购价格的格兰杰原因，反向关系不成立 |
| | 原假设 2 | | 37.745 1 | 0.000 0 | |
| | 原假设 1 | 2 | 2.878 2 | 0.061 7 | 各项互为因果关系 |
| | 原假设 2 | | 2.878 2 | 0.061 6 | |
| | 原假设 1 | 3… | 0.594 2 | 0.443 0 | 滞后 3～10 期的零售价格是当期收购价格的格兰杰原因，反向关系不成立 |
| | 原假设 2 | | 3.036 7 | 0.033 6 | |
| 柑　橘 | 原假设 1 | 1… | 12.967 1 | 0.000 3 | 滞后 1～2 期各项互为格兰杰因果关系 |
| | 原假设 2 | | 8.923 6 | 0.003 0 | |
| | 原假设 1 | 3… | 0.826 3 | 0.480 2 | 滞后 4～10 期的零售价格是收购价格的格兰杰原因，反向关系不成立 |
| | 原假设 2 | | 2.141 6 | 0.095 0 | |

（续）

| 产品种类 | 原假设 | 滞后期 | F 统计量 | P 值 | 结论 |
| --- | --- | --- | --- | --- | --- |
| 土　豆 | 原假设 1 | 1 | 3.747 3 | 0.056 1 | 各项互为因果关系 |
| | 原假设 2 | | 47.33 9 | 0.000 0 | |
| | 原假设 1 | 2… | 2.176 1 | 0.119 7 | 滞后 2～3 期的零售价格是收购价格的格兰杰原因，但反向关系不成立 |
| | 原假设 2 | | 16.873 5 | 0.000 0 | |
| | 原假设 1 | 4… | 2.831 9 | 0.029 9 | 滞后 4～10 期各项互为因果关系 |
| | 原假设 2 | | 10.530 6 | 0.000 0 | |
| 生　姜 | 原假设 1 | 1 | 13.728 7 | 0.000 2 | 各项互为因果关系 |
| | 原假设 2 | | 157.149 0 | 0.000 0 | |
| | 原假设 1 | 2… | 0.048 7 | 0.825 4 | 滞后 2～5 期的零售价格是当期收购价格的原因，但反向关系不成立 |
| | 原假设 2 | | 60.075 5 | 0.000 0 | |
| | 原假设 1 | 6… | 5.103 3 | 0.024 4 | 滞后 6～10 期各项互为因果关系 |
| | 原假设 2 | | 19.302 1 | 0.000 0 | |
| 大白菜 | 原假设 1 | 1… | 7.895 4 | 0.006 1 | 滞后 1～2 期各项互为因果关系 |
| | 原假设 2 | | 41.293 0 | 0.000 0 | |
| | 原假设 1 | 3… | 1.866 3 | 0.141 7 | 滞后 3～10 期的零售价格是当期收购价格的原因，但反向关系不成立 |
| | 原假设 2 | | 12.442 8 | 0.000 0 | |
| 西红柿 | 原假设 1 | 1 | 4.085 0 | 0.046 2 | 各项互为因果关系 |
| | 原假设 2 | | 25.318 7 | 0.000 0 | |
| | 原假设 1 | 2… | 0.070 5 | 0.931 9 | 滞后 2～10 期的零售价格是当期收购价格的格兰杰原因，反向关系不成立 |
| | 原假设 2 | | 20.452 1 | 0.000 0 | |
| 黄　瓜 | 原假设 1 | 1 | 3.911 8 | 0.048 8 | 各项互为因果关系 |
| | 原假设 2 | | 52.543 8 | 0.000 0 | |
| | 原假设 1 | 2… | 1.126 6 | 0.289 3 | 滞后 2～3 期的零售价格是当期收购价格的格兰杰原因，反向关系不成立 |
| | 原假设 2 | | 14.486 3 | 0.000 0 | |
| | 原假设 1 | 4… | 15.206 5 | 0.000 1 | 滞后 4～6 期各项互为因果关系 |
| | 原假设 2 | | 6.717 0 | 0.000 0 | |
| | 原假设 1 | 7… | 0.047 2 | 0.828 1 | 滞后 7～10 期的零售价格是当期收购价格的格兰杰原因，反向关系不成立 |
| | 原假设 2 | | 5.148 8 | 0.000 0 | |

（续）

| 产品种类 | 原假设 | 滞后期 | F统计量 | P值 | 结论 |
| --- | --- | --- | --- | --- | --- |
| 菠 菜 | 原假设1 | 1… | 0.959 8 | 0.328 8 | 滞后1～6期的零售价格是当期收购价格的格兰杰原因，反向关系不成立 |
| | 原假设2 | | 13.939 9 | 0.000 2 | |
| | 原假设1 | 7… | 6.106 8 | 0.014 6 | 滞后7～9期各项互为因果关系 |
| | 原假设2 | | 2.613 5 | 0.013 8 | |
| | 原假设1 | 10 | 0.693 1 | 0.406 4 | 零售价格是当期收购价格的格兰杰原因，反向关系不成立 |
| | 原假设2 | | 2.961 1 | 0.001 9 | |

注：表中原假设1为收购价格不是零售价格的格兰杰原因；原假设2为零售价格不是收购价格的格兰杰原因；“…”表示与所列出来滞后期的检验结论相同，故省略掉了其他期的检验结果。

数据来源：根据Eviews 6.0软件计算得出。

## 5.4 小结

本章基于我国工业化、城市化背景下果蔬供求市场发生相对变化的分析视角，以苹果、香蕉、西红柿和土豆为例，运用协整分析和格兰杰因果关系检验，研究了果蔬纵向关联市场间的价格传导关系。主要结论如下：

**(1) 在果蔬纵向关联市场间，需求变化对果蔬市场的影响越来越重要**。

近年来，我国在提高果蔬供给总量、增加食品多样性以及改进国民营养状况方面取得了令人瞩目的成就，我国的果蔬食品工业已发展成为门类比较齐全，既能基本满足国内市场需求，又具有一定出口竞争能力的产业，供给市场的总体供给比较充分。但就果蔬的需求而言，随着近年来居民人均收入的提高，人们对水果、蔬菜的安全程度、质量和口味等方面更加关注，且由此也催生出更加严苛的贸易和技术壁垒，这深刻地影响食品的需求市场及整个食品产业链。因此，对于我国来说，果蔬需求的变化在整个产业链当中的地位越来越重要。

**(2) 就实证结果来看，果蔬的传导路径是由零售价格传导到收购价格**。

就实证结果来看，苹果、香蕉、土豆和西红柿等10种产品的零售价格是收购价格变动的先行指标，虽然在个别时期收购价格和零售价格互为因果关系，但至少在统计上无法证明收购价格先行于零售价格。因此，从预测角度上来说，在上述产品的价格传导中，零售价格变动领先于收购价格，前者对后者有一定预测力，但收购价格对零售价格走势则不具有预测效应。因此，在可容许的误差范围内，我们可以借助水果、蔬菜零售价格的变动来预测未来收购价格的变动，而借助后者来预测前者可能会带来较大误差。

本章从理论和实证分析两方面，说明了果蔬的非对称价格传导路径为零售价格传导到果蔬的收购价格，这为下一章的研究做了铺垫。

# 6 易腐性对果蔬非对称价格传递的影响：基于不同品种的比较

农产品上下游价格传递机制的有效性，主要包括各个环节的产品价格与产量形成的有效机制，以及外部冲击通过价格与产量变动在上下游实现有效传递的机制。在一系列严格假设下，微观经济学经典理论证明了市场机制是有效的，但是当市场范围扩展到纵向关联市场时，市场机制是否仍然有效的问题则超出了经典经济学的研究范畴。现实中，当我国农产品的零售价格上涨时，收购价格的上涨幅度较小，而当零售价格下降时，收购价格下降的幅度也更大。这种农产品纵向关联市场间的非对称价格传递恰恰反映了市场机制有效运作的问题。前文已经明确了果蔬价格传导路径是由零售价格传导到收购价格，那么本章进一步对零售价格传导到生产环节时，收购价格在上涨和下降时非对称反应的这种现象进行解释。

以产业链为研究对象来分析市场均衡问题时，不能不关注产业链纵向结构的性质（于立宏、郁义鸿，2010），已有研究表明我国农产品流通环节存在一定的市场垄断力量，而这是导致我国农产品价格非对称传递的原因之一。从市场结构角度关注农产品的非对称价格传递是目前研究的一个主要方面。需要注意的是，许多农产品具有易腐性，这种易腐性加剧了市场力量的对比程度，从而也加强了价格传递的非对称程度，但现有文献从产品特性角度对非对称价格传递的关注较少。

因此，本章首先采用描述性的办法，分析果蔬纵向关联市场上，各个环节的市场力量的对比情况和各个环节市场主体贮藏能力的对比情况；其次，在此基础上，进一步厘清在流通环节存在垄断力量的情况下，阐述易腐性作用于非对称价格传递的机理；最后，用已有的时间序列价格数据进行验证。

农产品的易腐特性主要表现为两个维度：一是不同品种间的易腐程度不同；二是同一产品不同季节的易腐程度不同。本章主要关注第一方面的比较，第二方面的内容在下一章继续做深入探讨。

## 6.1 果蔬纵向关联市场间的竞争程度和贮藏能力

### 6.1.1 果蔬纵向关联市场间各环节的竞争程度

一般来说，我国果蔬纵向关联市场上涉及的市场主体包括菜农、中间流通机构（包括当地收购商、一级二级批发商等）、终端零售商（包括超市、农贸市场菜摊、社区菜摊和早市菜摊等）和消费者。不同环节之间的市场主体的议价能力是不同的，下面分析各个环节之间市场力量的对比情况。

（1）**果蔬生产与中间流通环节的竞争程度**。我国实行农村家庭联产承包制，水果、蔬菜的生产主体是广大的小规模农户，并且由于品种多样，生产极为零散。因此，果蔬生产环节的市场结构更加接近于完全竞争格局。也就是说，我国果蔬的生产格局符合理论中完全竞争市场假设的条件：生产者众多，进入市场无壁垒，产品之间没有差异。虽然说对于种植有机水果、有机蔬菜和绿色水果、绿色蔬菜的农户而言，其产品属于水果、蔬菜中的高端产品，且产品之间的差异性比较大，这在一定程度上会增强农户的垄断地位，从而使农户具备一定的议价能力，但生产高档水果和蔬菜的农户毕竟只占少数。当然，近年来，农业部等相关部门开始重视果蔬的区域优化布局，许多农户专门大面积种植某种水果或者蔬菜，这种形式使生产相对集中，但是无法与发达国家几千公顷的农场相比。总体来说，我国果蔬生产环节接近于完全竞争的市场结构。

与生产环节相比，中间流通环节具有一定的垄断势力，在定价过程中具有一定的优势。其原因在于，蔬菜一旦大量上市，其不耐贮藏性，会让菜农难以在讨价还价中占优势，而中间流通环节则在收购上具有较大选择性。因此，在价格传导上，价格变化对中间流通环节更为有利。当价格上涨时，中间流通环节能获取较大上涨空间来弥补所承担的高成本和高风险；当价格下跌时，菜农议价能力基本丧失，超低的价格使其种植成本根本无法保障，而中间流通环节则可借此争取空间来弥补成本。

（2）**果蔬中间流通环节与零售环节的竞争程度**。中间流通机构，包括蔬菜产地的收购商和各级批发商；零售商则包括农贸市场菜摊、超市、社区菜摊和早市菜摊等。由于这些环节的市场主体规模差异较大，它们在交易定价过程中的力量对比也存在差异，例如，大型超市可以利用其采购量大的优势，获取更优惠的价格或者对水果、蔬菜品质提出更高的要求；而小型菜摊，则更多接受批发商的价格。总的来说，目前我国水果、蔬菜的交易大多是在农贸市场、菜摊完成的，而这些市场比较接近于完全竞争市场。零售商议价能力具有不确定性。

**(3) 果蔬零售环节与消费者环节的竞争程度**。毫无疑问，居民消费者数量多且分散，在交易中无疑是价格的接受者，缺少定价权。而对零售商来说，其拥有的价格控制力要高于消费者。如典型的超市或社区菜摊，尽管其在一个地区数量众多，但由于消费者基于便利和节约交通成本等考虑，往往会就近购买。因此，超市或社区菜摊容易形成垄断或“寡头垄断”的格局。例如，在小区内，通常只有一两个菜摊供消费者选择。这种垄断格局的形成，也会提高零售者在定价中的控制力。

综上所述，在果蔬纵向关联市场间，农户在市场交易中的议价能力较弱，而中间流通机构因具有一定的垄断力量可以向农户压价，其在农产品定价过程中具有一定的控制力。

### 6.1.2　果蔬纵向关联市场间的贮藏能力

**(1) 我国生产环节农户的贮藏能力弱**。这主要体现在两方面：一方面，缺乏贮藏农产品的基础设施。目前，在生产环节，果蔬种植农户的冷链体系处于初级阶段，冷链物流的硬件设施陈旧落后，针对农户冷库贮藏知识的科技服务严重匮乏。目前我国水果在采摘、运输、贮存等环节上的损失率高达20%～30%。每年果品腐烂近1 200万吨，蔬菜腐烂1.3亿吨，直接经济损失1 000亿元左右（刘国丰、欧阳仲志，2007）。此外，我们在梨果种植主产地之一的河北省辛集市调研发现，许多乡镇、村都没有大型的冷库设施，大部分农户采收后的梨果只有通过窖藏这种传统的方式进行贮藏，梨果的可储存时间短；也有的农户在梨果成熟后只好将其全部销售出去，当问其原因时，梨农回答：“附近没有冷库，自己又储藏不好，干脆都卖掉算了”。

另一方面，生产环节农户贮藏知识比较缺乏。果蔬贮藏是一项系统的工程，要延长果蔬采后的贮藏寿命，除需要有完善的贮藏设施外，还需要确保采前生产健康优质的耐贮藏果蔬产品、采收过程中务必完好无损地收获果蔬产品，以及采后的处理技术。但就目前来说，我国果蔬种植农户对采前、采收中、采后的贮藏知识了解得较少，尤其是对于采后的技术处理知识的了解甚为匮乏。

具体以我们在调研过程中的典型案例来说明。

**案例** Z合作社位于辛集市X村，在当地比较出名，主要是由于合作社带头人L先生善于跑市场、找销路，梨果的销售市场比较乐观，主要销售对象是一些加工企业和中小型超市。Z合作社收购梨果的来源主要是本村和临近村已加入合作社的村民。在收购梨果时，该合作社对梨果的大小、品质、规格、色度等方面具有严格要求。首先是村民将梨果用箱子装来之后，由合作社专门的验收人员检查，然后重新套袋装箱，如发现有不合格的梨果就挑出来推给村民由他们自行处理。合作社一般在8月底9月初开始收购梨果，并准备梨果的入库工作，该冷库的库存能力是1 000万吨，一般入库梨果达库存的2/3。如果入库时梨果的储藏措施得当，可以有效避免黑心、二氧化碳伤害和缺氧伤害等问题，那么梨果最晚一般可以储存到来年5月份。因梨果贮存知识匮乏，当地的梨果实际上未到5月份，就会出现腐烂的迹象，但是，因销售对象是梨果加工企业等，他们一般对梨果质量的要求不高。近年来，随着合作社的发展和市场需求的扩大，合作社预备拓展新的市场，而不仅仅局限于传统的加工企业等渠道，转而进驻沃尔玛和家乐福等大型超市。但是，该合作社在拓展新的销售市场时并不顺利，大型超市对梨果质量方面的检测非常严格，尤其梨果黑心问题是超市拒绝接收梨果的主要原因之一，该合作社现有技术还达不到超市的需求，这严重影响了合作社的梨果销售。

L先生说："其实现在大型超市的订单很多，但是我们都不敢接，因为一旦接了，这些超市的要求又比较严格，梨果出了问题全是我们的……现在最大的问题是梨果预冷问题，预冷之前需要做好许多准备工作，需要将梨果放置在通风处，管理中经常观察和调控库内的温度、湿度，但是往往在冷库降温时把握得不好，有的需要用缓慢降温法贮藏才能有效避免梨果的腐烂……预冷把握不好，就容易导致黑心问题，但梨果黑心病一般从外表无法察觉，超市是可以检测出来的，一旦遇到黑心等问题的话，就会给合作社带来巨大的损失，不仅需要承担梨果价值的损失，还要承担梨果装卸、检测和运输费用等。"

2009年，L先生与上海的一家家乐福超市谈妥了订单，准备在11月份向其供货。在梨果离开仓库之前，L先生和合作社的其他成员用自己的设备对梨果的品质和规格进行了详细的检测，并未发现任何问题。但当发往家乐福超市之后，通过对方的检测仪器抽检时发现个别梨果存在黑心问题。因考虑到梨果来回的运输费用就多于2万吨梨果的价值，无奈之下，L先生只好决定将梨果做销毁处理，或者将其亏本处理，出售给当地的批发市场或者小商贩。

上述案例中描述的Z合作社所遇到的问题具有普遍性，许多经营鲜活农产品的农户、合作社都面临如何贮藏产品并有效避免产品腐烂等难题。由于贮藏技术和相关知识的缺乏，产品贮藏过程中经常遇到黑心病、低温伤害等问题，这无疑会给相关经营主体带来损害。总之，这说明我国果蔬生产环节的市场主体的贮藏能力亟待提高。

**（2）我国下游大型流通企业已经具备良好的库存能力**。近年来，随着流通领域的日益集中与市场垄断力量的形成和扩大，大型流通企业在投资建设冷库、冷链运输方面的优势逐渐显现出来。一些大型流通企业通过和超市建立起长期合作关系，利用冷库运输直接到达超市的冷柜，避免农产品在运输过程中变质，这样保证了食品的质量。同时这些大型企业还可以提高冷藏运输设备和冷库的利用率，例如联合库存模式可整合分散的需求，并使得一些下游企业也能够参与冷链体系，在享受冷链保障易腐食品质量好的同时，也增加了自己的话语权。

综上所述，在果蔬的纵向关联市场上，从市场间的竞争程度来看，上游环节的市场主体在定价中处于弱势地位，而中间流通机构处于定价的强势地位；从我国果蔬的冷链建设方面来看，我国生产环节和主产地的冷链建设系统处于严重滞后的状态，生产环节的市场主体对果蔬贮藏方面的知识了解较少，而下游的大型流通企业已经具备比较好的存储和库存调整能力，这会加剧市场垄断力量的对比程度。

## 6.2　不同产品间非对称价格传递特征分析

在农产品流通环节存在垄断力量且果蔬生产环节接近完全竞争的市场结构的条件下，农户和下游流通商的市场垄断力量存在着明显的差异，这使得当零售价格上涨时，中间流通商可以利用自己的垄断力量对农户进行压价，从而使得农户的价格上涨幅度较小，而当零售价格下降的时候，中间流通商在产品的收购上具有较大的选择性，因此，这导致农户承担价格下降的大多数风险。由于某些农产品具有易腐特性，农户生产出来的产品需在较短时间内销售出去，否则会面临产品腐烂变质的风险。这一点给下游的收购商增加了谈判的砝码，使其更有资本向农户压价，而农户则在定价中处于弱势地位。相对于不易腐的农产品来说，经营易腐产品的农户的谈价议价能力更弱，因此，相对于耐贮藏的农产品来说，当零售价格上涨的时候，易腐产品的收购价格上涨幅度更小，而当零售价格下降的时候，易腐产品的收购价格下降幅度也更大。

由此，通过将易腐的果蔬产品和不易腐的果蔬产品的价格传递特征进行对比，如果易腐产品比不易腐产品的非对称价格传递特征更为明显，那么则可说明易腐性对非对称价格传递有正向影响。

不同种类和品种的果蔬在贮藏过程中，其耐贮性不同。根据我国果蔬耐贮性的差异，在各类果蔬最适宜的冷藏条件下按耐藏的难易程度分为：极易腐烂、易腐烂、稍耐贮藏、较耐贮藏、耐贮藏和极耐贮藏六类（表 6-1）。当然，这只是一个相对的概念。由于品种、生态栽培条件等不同，耐贮性可能有所差异，有时还比较大。

**表 6-1　最适宜的冷藏条件下果蔬的易腐性分类及贮藏期**

| 易腐性 | 贮藏期 |
|---|---|
| 极易腐烂 | 几天至十几天 |
| 易腐烂 | 2 周至 1 个月 |
| 稍耐贮藏 | 1～2 个月 |
| 较耐贮藏 | 2～4 个月 |
| 耐贮藏 | 4～6 个月 |
| 极耐贮藏 | 6 个月以上 |

资料来源：王文辉、许步前主编《果品采后处理及贮运保鲜》，金盾出版社，2007 年版，29～30 页。

从表 6-2 可以看到，苹果和梨果在最佳的贮藏条件下其贮藏时间均在 4 个月以上，而香蕉和柑橘的贮藏时间则较短，香蕉在最佳的贮藏条件下最多可存放 10 天，柑橘在最佳的贮藏条件下也最多可存放 40 天。因此，柑橘和香蕉相对于苹果和梨果来说更加易腐、易烂，不耐储存。同理，可以看到，在最佳的贮藏条件下，土豆、姜和大白菜这三种产品可以存放得比较久，均可存放 4 个月以上，而西红柿、黄瓜和菠菜这三种蔬菜的存放时间都较短，西红柿的存放时间最短，仅为 7 天。因此，相对于土豆、姜和大白菜这几种较易储藏的产品来说，西红柿、黄瓜和菠菜属于易腐产品。

**表 6-2　果蔬在最佳贮藏条件下的存放时间与易腐特性**

| 产品种类 | 温度（℃） | 相对湿度（%） | 冻结温度（℃） | 贮藏时间 | 产品特性 |
|---|---|---|---|---|---|
| 苹果（金冠） | 0 | 85～90 | －1.50 | 4～6 个月 | 耐贮藏 |
| 梨果（安久） | －1.5～0 | 85～90 | －0.38 | 4～6 个月 | 耐贮藏 |

（续）

| 产品种类 | 温度（℃） | 相对湿度（%） | 冻结温度（℃） | 贮藏时间 | 产品特性 |
|---|---|---|---|---|---|
| 香蕉 | 13 | 85～95 | －0.77 | 6～10 天 | 极易腐烂 |
| 柑橘（越橘） | 0 | 85～90 | －1.27 | 18～40 天 | 易腐烂 |
| 土豆 | 3～10 | 85～90 | －0.61 | 5～8 个月 | 极耐贮藏 |
| 姜 | 15 | 65 | / | 6～8 个月 | 极耐贮藏 |
| 大白菜 | －1～1 | 80～90 | / | 4～6 个月 | 耐贮藏 |
| 西红柿（完熟） | 0 | 85～90 | －0.49 | 7 天 | 极易腐烂 |
| 黄瓜 | 7～10 | 90～95 | －0.49 | 10～14 天 | 极易腐烂 |
| 菠菜 | 0 | 95～95 | －0.28 | 10～14 天 | 极易腐烂 |

资料来源：冯双庆《果蔬贮运学》，化学工业出版社，2008 年版；其中，菠菜的资料来源于阿里巴巴资讯，网址链接为 http：//info. china. alibaba. com/news/detail/v0-d1023611619. html。

## 6.3 实证分析

### 6.3.1 数据与模型选择

**（1）数据**

本章仍然用主销区的批发价格来代替零售价格，用主产区的批发价格来代替收购价格。以苹果等 10 种易腐程度不同的产品为例，实证分析不同产品间非对称价格传递特征的差别。

通过前文对数据处理的结果可知，苹果等 10 种产品的时间序列数据平稳，且收购价格和零售价格之间具有协整关系，这可以说明果蔬的收购价格与零售价格之间的线性组合有向长期均衡收敛的趋势，但这并没有揭示偏离均衡状态后变量的修正特征。同时，通过前文的分析发现，果蔬价格传导的方向是由零售价格传导到收购价格，因此，本章选择将零售价格作为自变量、将收购价格作为因变量的分析模型。

**（2）模型选择**

对于产品纵向价格传递的分析，早期主要的研究方法为线性的和静态的方法。Houck（1997）利用变量分离技术设计出价格传递模型，如式 6-1 所示。$P_{rt}$ 和 $P_{ft}$ 分别表示纵向链条上的市场零售价格和收购价格，Δ 表示差分运算，$\Delta P_{ft}=P_{ft}-P_{ft-1}$，若 $P_{ft}-P_{ft-1}<0$，则取 $\Delta P_{ft}^{-}$，表示农民生产者价格下跌变量；若 $P_{ft}-P_{ft-1}\geqslant 0$，则取 $\Delta P_{ft}^{+}$，表示农民生产者价格上涨变量。原假设为 $H_0: \beta_1=\beta_2$。若不能拒绝原假设，则认为价格传递是对称的；若可以显

著地拒绝原假设，那么价格传递具有非对称性，即市场零售价格对农民生产者价格上涨的反应显著地不同于农民生产者价格下跌的反应。Lamm 和 Westcott（1981）认为该模型没有考虑到对滞后期的分析，因此对该模型进行了修正和完善，加入滞后期后，模型如式 6-2 所示。

$$\Delta P_{rt} = \beta_0 + \beta_1 \Delta P_{ft}^{+} + \beta_2 \Delta P_{ft}^{-} + \varepsilon_t \tag{6-1}$$

$$\Delta P_{rt} = \beta_0 + \sum_{i=0}^{P_1} \beta_{1i} \Delta P_{ft-i}^{+} + \sum_{i=0}^{P_2} \beta_{2i} \Delta P_{ft-i}^{-} + \varepsilon_t \tag{6-2}$$

上述模型没有考虑外部冲击（如运输、气候、食品安全事件）发生时，对价格传导的影响，在此基础上，本章对上述模型进行了进一步的完善。误差修正模型的设立与估计主要涉及协整变量和调整系数，前者刻画了系统内变量之间的长期均衡关系，后者反映了出现偏离均衡状态后协整系统的修正特征。因此，利用误差修正模型既可以反映生产者与零售价格之间的长期均衡关系，又可以反映受到外部冲击后出现正的偏离误差和负的偏离误差时生产者价格对此的修正幅度。具体模型如式 6-3 所示。

$$\Delta P_{ft} = \alpha_0 + \sum_{z=0}^{M_1} \alpha_{1z}^{+} \Delta P_{rt-z}^{+} + \sum_{z=0}^{M_2} \alpha_{2z}^{-} \Delta P_{rt-z}^{-} + \alpha_3^{+} ECM_{t-1}^{+} + \alpha_3^{-} ECM_{t-1}^{-} + \nu_t \tag{6-3}$$

式 6-3 中，自变量 $\Delta P_{ft}$ 表示收购价格的波动状况，$\sum_{z=0}^{M_1} \alpha_{1z}^{+} \Delta P_{rt-z}^{+}$ 表示当期和滞后期的零售价格上涨变量，$\sum_{z=0}^{M_2} \alpha_{2z}^{-} \Delta P_{rt-z}^{-}$ 表示当期和滞后期的零售价格下跌变量。此外，$\alpha_3^{+} ECM_{t-1}^{+}$ 表示系统受到外部冲击后对正向偏离的调整幅度，$\alpha_3^{-} ECM_{t-1}^{-}$ 表示受到外部冲击后对负向偏离的调整幅度。$M_1$ 和 $M_2$ 均为滞后期。式 6-3 的原假设 $H_0: \sum_{z=0}^{M_1} \alpha_{1z}^{+} = \sum_{z=0}^{M_2} \alpha_{2z}^{-}$，且 $\alpha_3^{+} = \alpha_3^{-}$。若不能拒绝原假设，则认为价格在农民和零售商之间的传递是对称的，即市场零售价格对农民生产者价格上涨的反应与对农民生产者价格下跌的反应相同；若可以显著地拒绝原假设，那么价格传递具有非对称性。

此外，在构建本章的误差修正模型时，先期需对变量进行常规检验，包括单位根检验和协整关系检验（前文已对这 10 种果蔬产品的时间序列价格数据进行了单位根检验和协整检验，为避免重复，此处省略协整的分析结果），确定误差修正模型的滞后期，得出 $ECM$，然后进行变量分离，包括将 $P_{rt}$ 分离

为 $\Delta P_{rt}^{+}$ 和 $\Delta P_{rt}^{-}$ ，将 $ECM$ 分离为 $ECM^{+}$ 和 $ECM^{-}$ ，并对模型中系数的约束条件是否有效采用参数约束 Wald 法进行检验。

### 6.3.2 实证结果分析

滞后期对于构建误差修正模型至关重要，因此，首先要确定模型的滞后期。根据模型滞后期选择标准（一般根据 AIC 和 SC 取值最小的标准），确定苹果、香蕉、土豆、西红柿的滞后 3 期为基准模型。此时，所有分离变量具有同样的滞后期，也即式 6-3 中 $M_1=M_2$。此时，AIC 和 SC 具有较低的值，满足优度准则，其中 AIC 为－0.56～－2.76，SC 为－0.17～－2.38。具体分析结果详见表 6-3 和表 6-4，主要得出以下几点结论：

（1）从表 6-3 与表 6-4 可以看出，香蕉、柑橘、西红柿、黄瓜和菠菜 $ECM_{t-1}^{+}$ 的系数分别为－0.281 3、－0.172 8、－0.258 4、－0.431 7 和－0.633 5，$ECM_{t-1}^{-}$ 的系数分别为－0.646 4、－0.321 9、－0.609 5、－0.823 7 和－1.044 6，可以看出这 5 种产品的 $ECM_{t-1}^{+}$ 系数的绝对值远远小于 $ECM_{t-1}^{-}$ 的系数绝对值。由前文的分析可知，$ECM_{t-1}$ 的系数越大表示农产品收购价格对零售价格下跌反应越大。因此，对于香蕉等这 5 种产品来说，收购价格对零售价格上涨反应较小，而对零售价格下跌反应较大。

**表 6-3 水果的非对称价格传递误差修正模型结果分析**

| 变量 | 系数 | 苹果 | 梨果 | 香蕉 | 柑橘 |
|---|---|---|---|---|---|
| $c$ | $\alpha_0$ | 0.007 2 | 0.009 4 | 0.020 3 | －0.108 8 |
| $\Delta P_{rt}^{+}$ | $\alpha_{20}^{+}$ | 0.065 7 | 0.110 9 | 0.257 2 | －0.017 3 |
| $\Delta P_{rt-1}^{+}$ | $\alpha_{21}^{+}$ | 0.627 3 | 0.078 2 | 0.091 0 | 0.084 0 |
| $\Delta P_{rt-2}^{+}$ | $\alpha_{22}^{+}$ | －0.311 3 | 0.241 0* | －0.015 5 | －0.236 8 |
| $\Delta P_{rt-3}^{+}$ | $\alpha_{23}^{+}$ | 0.172 0 | 0.069 2 | －0.045 4 | －0.076 4 |
| $\Delta P_{rt}^{-}$ | $\alpha_{20}^{-}$ | 0.804 6 | 0.182 3 | 0.274 7 | 0.112 9 |
| $\Delta P_{rt-1}^{-}$ | $\alpha_{21}^{-}$ | －0.367 8 | 0.275 8 | －0.024 6 | －0.162 3 |
| $\Delta P_{rt-2}^{-}$ | $\alpha_{22}^{-}$ | 0.162 3 | 0.005 7 | －0.022 6 | 0.030 0 |
| $\Delta P_{rt-3}^{-}$ | $\alpha_{23}^{-}$ | －0.022 0 | 0.097 2 | 0.000 3*** | －0.099 6 |
| $ECM_{t-1}^{+}$ | $\alpha_3^{+}$ | －0.182 0 | 0.009 4** | －0.281 3 | －0.172 8* |
| $ECM_{t-1}^{-}$ | $\alpha_3^{-}$ | －0.196 6 | 0.110 9 | －0.646 4 | －0.321 9** |
| Adjusted $R^2$ | | 0.272 4 | 0.086 9 | 0.749 8 | 0.128 5 |
| Wald 检验：$\chi^2$ 统计量 | | 0.009 8 | 0.708 5 | 5.206 8* | 4.262 3* |
| 是否对称 | | 对　称 | 对　称 | 不对称 | 不对称 |

注：*、**和***分别表示 $\chi^2$ 统计量在 10%、5%和 1%水平下显著。

对于土豆、生姜和大白菜来说，则正好相反，土豆、生姜和大白菜 $ECM_{t-1}^{+}$ 的系数分别为－0.318 4、－0.280 9 和－0.379 6，$ECM_{t-1}^{-}$ 的系数分别为 0.027 1、－0.235 7 和－0.198 6，这 3 种产品 $ECM_{t-1}^{+}$ 的系数绝对值均大于 $ECM_{t-1}^{-}$ 的系数绝对值。此外，苹果和梨果 $ECM_{t-1}^{+}$ 的系数分别为－0.182 0 和 0.009 4，$ECM_{t-1}^{-}$ 的系数分别为－0.196 6 和 0.110 9，可以看出这两种产品 $ECM_{t-1}^{+}$ 的系数绝对值也小于 $ECM_{t-1}^{-}$ 的系数绝对值，但绝对值相差很小。

综上所述，对于香蕉、西红柿等 5 种易腐产品而言，收购价格对零售价格上涨反应较小，而对零售价格下降反应较大，这也可以说明越是容易腐烂的农产品，收购价格对零售价格上涨反应就会越小。

**表 6-4　蔬菜的非对称价格传递误差修正模型结果分析**

| 变量 | 系数 | 土豆 | 生姜 | 大白菜 | 西红柿 | 黄瓜 | 菠菜 |
|---|---|---|---|---|---|---|---|
| $c$ | $\alpha_0$ | 0.050 2 | －0.101 7 | 0.028 7 | 0.135 5*** | 0.064 8 | 0.033 4 |
| $\Delta P_{rt}^{+}$ | $\alpha_{20}^{+}$ | 0.043 1 | 0.269 6 | 0.030 1 | 0.482 4*** | 0.664 1*** | 0.130 2 |
| $\Delta P_{rt-1}^{+}$ | $\alpha_{21}^{+}$ | －0.164 3 | 0.365 5* | 0.354 7** | 0.016 6 | 0.042 3 | 0.429 0*** |
| $\Delta P_{rt-2}^{+}$ | $\alpha_{22}^{+}$ | 0.088 1 | 0.131 979 | 0.008 3 | 0.018 6 | 0.039 0 | 0.140 1 |
| $\Delta P_{rt-3}^{+}$ | $\alpha_{23}^{+}$ | 0.003 0 | －0.012 5 | 0.041 5 | 0.077 7 | －0.073 | －0.150 4*** |
| $\Delta P_{rt}^{-}$ | $\alpha_{20}^{-}$ | －0.143 8 | －0.100 2 | 0.472 5*** | 0.721 1*** | 0.868 3*** | 0.426 8*** |
| $\Delta P_{rt-1}^{-}$ | $\alpha_{21}^{-}$ | 0.264 6 | 0.214 7 | 0.099 8 | 0.109 7 | 0.256 3** | －0.049 4 |
| $\Delta P_{rt-2}^{-}$ | $\alpha_{22}^{-}$ | －0.089 4 | 0.262 5 | 0.063 7 | 0.201 5* | －0.040 9 | 0.023 6 |
| $\Delta P_{rt-3}^{-}$ | $\alpha_{23}^{-}$ | －0.050 3 | 0.033 5 | －0.000 7 | 0.173 8* | 0.271 2** | －0.161 0* |
| $ECM_{t-1}^{+}$ | $\alpha_3^{+}$ | －0.318 4*** | －0.280 9*** | －0.379 6*** | －0.258 4* | －0.431 7*** | －0.633 5*** |
| $ECM_{t-1}^{-}$ | $\alpha_3^{-}$ | 0.027 1 | －0.235 7** | －0.198 6 | －0.609 5*** | －0.823 7*** | －1.044 6*** |
| Adjusted $R^2$ | | 0.147 2 | 0.219 6 | 0.329 4 | 0.528 4 | 0.634 2 | 0.521 6 |
| Wald 检验：$\chi^2$ 统计量 | | 0.000 3 | 1.394 5 | 1.115 6 | 4.547 3** | 4.088 9** | 3.020 1* |
| 是否对称 | | 对　称 | 对　称 | 对　称 | 不对称 | 不对称 | 不对称 |

注：*、**和***分别表示 $\chi^2$ 统计量在 10%、5%和 1%水平下显著。

（2）苹果等 4 种水果产品纵向关联市场间的价格传递对称性结论的得出，采用参数约束 Wald 法对 $H_0$ 假设进行联合系数检验，也就是检验原假设 $H_0$：$\sum_{z=0}^{M_1}\alpha_{2z}^{+}=\sum_{z=0}^{M_2}\alpha_{2z}^{-}$，$\alpha_3^{+}=\alpha_3^{-}$。如果 $\chi^2$ 统计量不能显著地拒绝原假设，则说明价格传递是对称的。由表 6-3、表 6-4 可知，苹果、梨果、土豆、生姜和大白菜属于相对容易储存的农产品，这 5 种产品的 $\chi^2$ 值分别为 0.009 8、0.708 5、0.000 3、1.394 5 和 1.115 6，价格传递模型检验在 10%的显著性水平下均无法拒绝原假设，可以认为这 5 种产品的价格传递是对称的。相反，香蕉、柑橘、西红柿、黄瓜和菠菜属于易腐产品，这 5 种产品的 $\chi^2$ 值分别为 5.206 8、4.262 3、4.547 3、4.088 9 和 3.020 1，价格传递模型分别在 10%、10%、5%、5%和 10%的显著性水平下拒绝原假设，因此这 5 种产品纵向关联市场间的价格传递具有非对称性。

总之，通过比较上述 10 种产品价格传递结果的对称性，可以看出，易腐的果蔬产品更容易产生非对称价格传递，较易储存的果蔬价格传递倾向于对称传递。

## 6.4　小结

本章选取了苹果、梨果、香蕉、柑橘、土豆、生姜、大白菜、西红柿、黄瓜和菠菜这 10 种易腐程度不同的果蔬产品，采用非对称价格传递的误差修正模型作为研究方法，探讨了不同果蔬产品间的非对称价格传递特征的差异。研究得出以下几点结论：

**（1）易腐特性加剧了果蔬纵向关联市场间市场力量的对比程度，使得农户在议价中处于弱势地位。**

从果蔬纵向关联市场不同环节市场力量的对比来看，中间流通商具有一定的垄断力量，在向农户收购农产品的时候可以利用自己垄断力量向农户压价，而农户在议价中处于弱势地位。从冷链建设情况来看，我国目前的冷链建设处于初级阶段，尤其是生产环节农户的贮藏、保鲜能力不足，有些农产品具有非常明显的易腐特性，这个特征决定了农产品需要在短时间内售出，否则农产品就会变质、腐烂，这使得农户在出售产品时议价能力更弱，也加大了中间流通机构压价的可能。

**（2）由于农户议价能力较弱，当零售价格上涨的时候，收购价格上涨幅度较小，而当零售价格下降的时候，收购价格下降幅度较大。**

相对于苹果、梨果、土豆、生姜、大白菜这几种较为耐贮藏的农产品来说，香蕉、黄瓜、西红柿和菠菜这类易腐农产品的生产者价格对零售价格上涨反应较小，对零售价格下跌反应较大。

**(3) 价格传递的效果，从不同品种的比较来看，越是易腐的农产品其非对称价格传递特征越强**。

从 4 种水果的比较可以看出，相对于苹果、梨果这两种耐贮藏的产品来说，柑橘和香蕉这两种易腐产品价格传递的非对称特征比较明显；从 6 种蔬菜的比较可以看出，相对于土豆、生姜、大白菜这 3 种耐贮藏的产品来说，黄瓜、西红柿和菠菜这 3 种易腐产品价格传递的非对称特征比较明显。因此，越是易腐的农产品其非对称价格传递特征越明显，越是容易贮藏的农产品其非对称价格传递特征越微弱，也就是说，从产品特性角度也可以解释农产品纵向关联市场间价格的非对称传递现象。

# 7 易腐性对果蔬非对称价格传递的影响：基于不同季节的比较

农产品的易腐特性是一个相对的概念，具体可以以下两个维度进行说明：一是不同品种间的易腐程度存在差异；二是同一产品在不同季节下的易腐程度也有所不同，同样一个农产品，冬天时温度较低，产品腐烂的速度会变慢，而夏天气温高，农产品可贮藏时间更短、更加容易腐烂。

前文从易腐性的第一方面出发，将易腐程度不同的产品的非对称价格传递特征进行了比较，结果发现越是易腐的农产品，其非对称价格传递特征越明显。本章从第二个方面进一步验证易腐性对非对称价格传递的影响，来查看同一品种在不同季节下（或者在不同的技术条件下）其非对称价格传递特征的差别。

## 7.1 不同季节下非对称价格传递特征分析

我国农产品价格非对称传递的产生源于不同环节市场力量的对比，而农产品的易腐特性加剧了这种市场力量的对比程度。因此，相对于耐贮藏的产品来说，在其他因素不变的情况下，具有易腐特性的产品的非对称价格传递特征更加明显。

温度是果蔬贮藏最重要的环境因素之一。低温是一切鲜活农产品贮藏的基础条件。果蔬采后仍是有生命的活体，环境温度越低，果实呼吸强度越低，新陈代谢越弱，贮期越长（王文辉、许步前，2007）。由此可知，同一产品在冬、夏两季的贮藏性状是不同的，那么这会进一步影响到农户的议价能力。具体来说，对于果蔬而言，夏天温度极高，产品极易腐烂，农户生产出来的产品对交易时间的要求更加严格，此时农户的议价能力更低；冬天气温一般较低，产品腐烂的速度较慢，农户生产出来的产品相对来说比较容易贮藏，农户将产品生产出来后，也可以相对自由地选择一个价高的时机出售产品，此时，农户在与中间流通机构交易时，其议价能力有所提高。

因此，将同一产品不同季节的价格传递特征进行对比分析，如果夏天非对称价格传递特征更为明显，冬天的非对称价格传递特征的特征比较微弱，则可以进一步证明易腐性对非对称价格传递的作用。

在产品的选择上，本章仅选择了黄瓜和西红柿这两种易腐产品作为研究对象，原因是，对于苹果、土豆、梨果、生姜和大白菜这类产品来说，因为其本身属于耐贮藏的农产品，所以这类产品在冬天和夏天的耐贮藏性的差别不是很大，而黄瓜、西红柿这类易腐的农产品，在冬天和夏天的耐贮藏性的差别会比较大，更有助于说明本章的问题。

## 7.2 实证分析

### 7.2.1 数据说明及模型选择

#### (1) 数据说明

通过表 3-2、表 3-3 可知，本章选取了黄瓜主产地之一——山东省的黄瓜价格数据（为避免重复，本章此处不列出每个品种的主产地和主销地地点），且山东省黄瓜的收获供应期一般集中在 9 月下旬—10 月下旬和 6 月上旬—7 月上旬这两个阶段，本章将 9 月下旬—10 月下旬视为冬季的数据，而将 6 月上旬—7 月上旬视为夏季的数据。通过对已有的黄瓜价格数据进行分段处理后，用产品主产地价格数据代替收购价格，用产品主销地价格数据代替零售价格，那么黄瓜夏季的收购价格数据和零售价格数据均为 181 个，黄瓜冬季的收购价格数据和零售价格数据分别均为 161 个。对于西红柿来说，本章选取主产地河南省的西红柿价格数据，且河南省西红柿的收获供应期一般分为 10 月上旬—10 月下旬和 5 月下旬—6 月下旬这两个阶段，本章将 10 月上旬—10 月下旬的数据视为冬季的数据，将 5 月下旬—6 月下旬的数据视为夏季的数据，对西红柿的价格数据进行分段处理后，如果用西红柿主产地价格数据代替收购价格，用西红柿主销地价格数据代替零售价格，那么冬季西红柿收购价格和零售价格数据样本量均为 121 个，夏季西红柿收购价格和零售价格数据样本量均为 192 个。同样，本章所用数据均来自农业部全国农产品批发市场价格信息网（http：//pfscnew. agri. gov. cn）。

表 7-1 冬、夏两季黄瓜、西红柿的价格数据样本量

| 产品种类 | 黄瓜（冬季） | 黄瓜（夏季） | 西红柿（冬季） | 西红柿（夏季） |
|---|---|---|---|---|
| 数据时间段 | 9 月下旬—10 月下旬 | 6 月上旬—7 月上旬 | 10 月上旬—10 月下旬 | 5 月下旬—6 月下旬 |
| 样本量（份） | 161 | 181 | 121 | 192 |

图 7-1 至图 7-4 进一步反映了冬季的黄瓜、西红柿和夏季黄瓜、西红柿的价格波动特征的区别。从图中可以看到，当零售价格上涨时，夏季黄瓜和西红柿价格上涨的幅度都较小，而冬季黄瓜和西红柿价格上涨幅度相对较大。当零售价格下降时，夏季黄瓜和西红柿价格下降的幅度较大，而冬季黄瓜和西红柿的价格下降幅度相对较小。黄瓜和西红柿的非对称价格传递特征是否存在区别还需进行严格的统计检验。

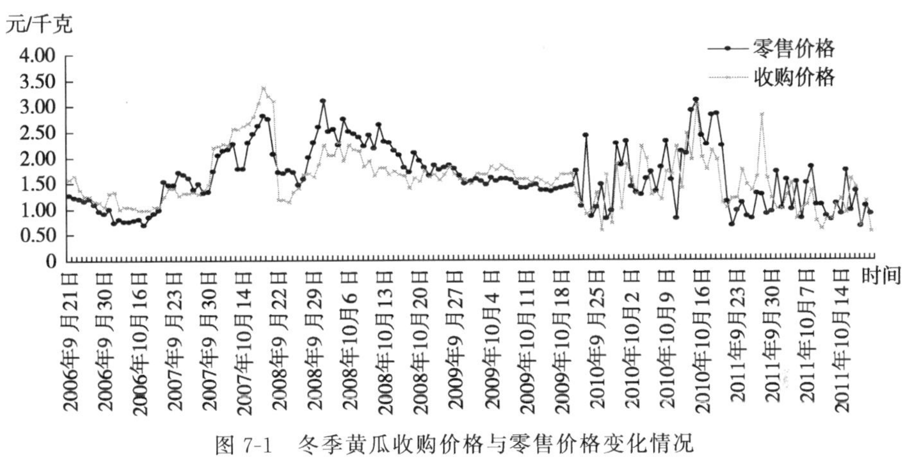


图 7-1 冬季黄瓜收购价格与零售价格变化情况

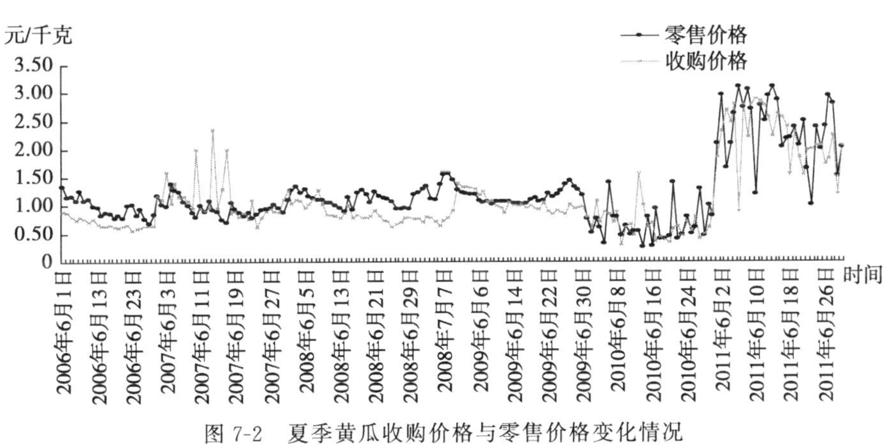


图 7-2 夏季黄瓜收购价格与零售价格变化情况

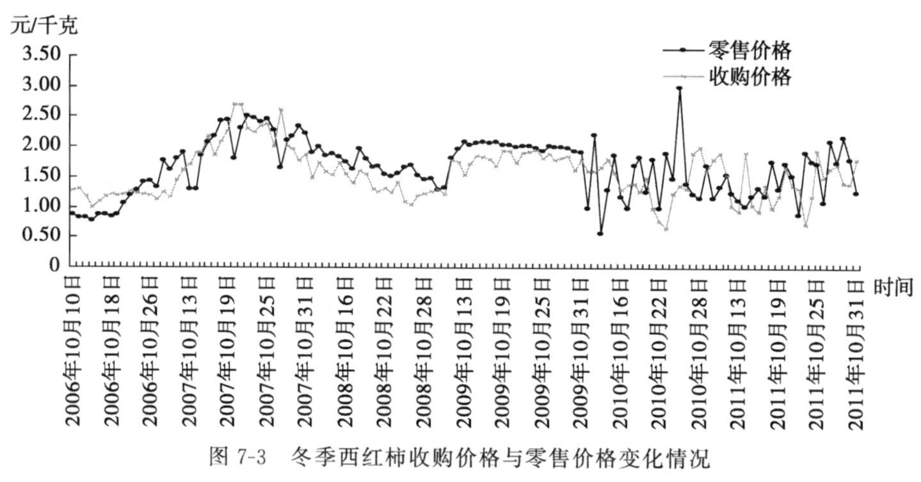


图 7-3　冬季西红柿收购价格与零售价格变化情况

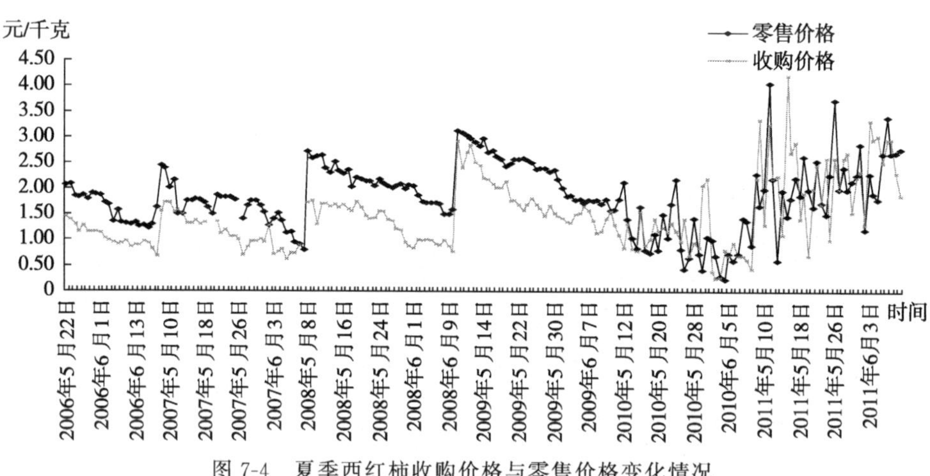


图 7-4　夏季西红柿收购价格与零售价格变化情况

**(2) 模型选择**

根据前文的理论分析，我们建立了非对称价格传递的误差修正模型，分析了不同产品的非对称价格传递特征的区别。本章需要分析同一产品在不同季节下的非对称价格传递特征的差别，仍然采用这一模型进行实证检验。具体模型如式 7-1 所示

$$\Delta P_{ft} = \alpha_0 + \sum_{z=0}^{M_1} \alpha_{1z}^{+} \Delta P_{rt-z}^{+} + \sum_{z=0}^{M_2} \alpha_{2z}^{-} \Delta P_{rt-z}^{-} + \alpha_3^{+} ECM_{t-1}^{+} + \alpha_3^{-} ECM_{t-1}^{-} + \nu_t \tag{7-1}$$

式中，$\sum_{z=0}^{M_1} \alpha_{1z}^{+} \Delta P_{rt-z}^{+}$ 表示当期和滞后期零售价格上涨变量，$\sum_{z=0}^{M_2} \alpha_{2z}^{-} \Delta P_{rt-z}^{-}$ 表

示当期和滞后期零售价格下跌变量。$\alpha_3^+ ECM_{t-1}^+$ 表示系统受到外部冲击后对正向偏离的调整幅度，$\alpha_3^- ECM_{t-1}^-$ 表示受到外部冲击后对负向偏离的调整幅度。$M_1$ 和 $M_2$ 均为滞后期。

式 7-1 的原假设 $H_0$：$\sum_{z=0}^{M_1}\alpha_{1z}^+ = \sum_{z=0}^{M_2}\alpha_{2z}^-$，且 $\alpha_3^+ = \alpha_3^-$。若不能拒绝原假设，则认为价格在农户和零售商之间的传递是对称的，即市场零售价格对农户的收购价格上涨反应与对农户收购价格下跌的反应相同；若可以显著地拒绝原假设，那么价格传递具有非对称性。

与前文处理办法相同，本章首先采用协整技术得出 $ECM$，然后进行变量分离，包括将 $P_{rt}$ 分离为 $\Delta P_{rt}^+$ 和 $\Delta P_{rt}^-$，将 $ECM$ 分离为 $ECM^+$ 和 $ECM^-$，并对模型中系数的约束条件是否有效采用参数约束 Wald 法进行检验。

### 7.2.2 实证结果分析

首先，我们对冬、夏两季的黄瓜和西红柿时间序列数据进行单位根检验和协整检验。由表 7-2 可知，黄瓜（冬季）、黄瓜（夏季）、西红柿（冬季）和西红柿（夏季）产品的收购价格和零售价格在 5%水平下不平稳，但其序列的一阶差分在 5%水平下均表现平稳，因此上述 4 个序列的价格数据均为一阶单整序列。由此可以认为，冬、夏两季的黄瓜和西红柿的收购价格和零售价格可能存在长期稳定的均衡关系，但这需要通过协整技术进行进一步检验。

**表 7-2 数据平稳性检验**

| 产品种类 | 序列 | 检验准则 | $T$ 值 | $P$ 值 | 结论 |
|---|---|---|---|---|---|
| 黄 瓜(冬季) | $P_f$ | $(c,0,0)$ | −3.345 0 | 0.062 9 | 不平稳 |
| | $D(P_f)$ | $(0,0,0)$ | −19.502 9 | 0.000 0 | 平 稳 |
| | $P_r$ | $(c,0,0)$ | −3.389 8 | 0.056 4 | 不平稳 |
| | $D(P_r)$ | $(0,0,0)$ | −17.837 3 | 0.000 0 | 平 稳 |
| 黄 瓜(夏季) | $P_f$ | $(c,0,0)$ | −2.541 4 | 0.107 5 | 不平稳 |
| | $D(P_f)$ | $(0,0,0)$ | −23.366 0 | 0.000 0 | 平 稳 |
| | $P_r$ | $(c,t,0)$ | −2.192 6 | 0.209 8 | 不平稳 |
| | $D(P_r)$ | $(0,0,0)$ | −4.716 4 | 0.000 1 | 平 稳 |
| 西红柿(冬季) | $P_f$ | $(c,0,0)$ | −2.378 3 | 0.150 1 | 不平稳 |
| | $D(P_f)$ | $(0,0,0)$ | −11.766 2 | 0.000 0 | 平 稳 |
| | $P_r$ | $(0,0,1)$ | −0.112 8 | 0.642 8 | 不平稳 |
| | $D(P_r)$ | $(0,0,0)$ | −9.824 0 | 0.000 0 | 平 稳 |

（续）

| 产品种类 | 序列 | 检验准则 | $T$ 值 | $P$ 值 | 结论 |
|---|---|---|---|---|---|
| 西红柿（夏季） | $P_f$ | $(c,0,0)$ | −1.459 3 | 0.134 7 | 不平稳 |
| | $D(P_f)$ | $(0,0,0)$ | −23.142 9 | 0.000 0 | 平　稳 |
| | $P_r$ | $(c,0,0)$ | −3.054 5 | 0.120 6 | 不平稳 |
| | $D(P_r)$ | $(0,0,0)$ | −15.394 7 | 0.000 0 | 平　稳 |

注：单位根检验结果主要通过5%显著水平下的 $P$ 检验值，检验准则为（$c$，$t$，$n$），$c$ 表示含有常数项，$t$ 表示含有趋势项，$n$ 表示滞后的阶数。符号D表示一阶差分，即表中所列 D（$P_f$）和 D（$P_r$）均为一阶差分后序列。

数据来源：根据 Eviews 6.0 软件计算得出。

其次，本章运用恩格尔—格兰杰两步法，对冬、夏两季黄瓜和西红柿纵向关联市场间收购价格和零售价格的协整性进行分析。根据两步法的过程，第一步首先分别建立黄瓜（冬季）、黄瓜（夏季）、西红柿（冬季）、西红柿（夏季）这 4 种产品的线性回归方程，得到式 7-2、式 7-3、式 7-4、式 7-5。

$$\ln HGD_f = 0.6144 + 0.5949\ln HGD_r \tag{7-2}$$

(4.33) (10.91)

$$\ln HGX_f = 0.212091 + 0.730203\ln HGX_r \tag{7-3}$$

(6.16) (14.69)

$$\ln XHSD_f = 0.8240 + 0.4436\ln XHSD_r \tag{7-4}$$

(5.09) (6.48)

$$\ln XHSX_f = 0.317614 + 0.622857\ln XHSX_r \tag{7-5}$$

(10.98) (10.24)

用两步法的第二步对上述 4 个回归方程的残差项进行 ADF 单位根检验，结果如表 7-3 所示。从表中可知，残差项的单位根检验结果均显示序列平稳，即 $I(0)$，由此可以看出这 4 个模型中的黄瓜和西红柿的收购价格和零售价格均存在长期的协整关系。

**表 7-3　残差的平稳性检验**

| 产品种类 | $ADF$ 统计值 | 5%临界值 | 结论 |
|---|---|---|---|
| 黄　瓜（冬季） | −4.835 8 | 0.000 0 | 平　稳 |
| 黄　瓜（夏季） | −6.548 1 | 0.000 0 | 平　稳 |
| 西红柿（冬季） | −6.508 1 | 0.000 0 | 平　稳 |
| 西红柿（夏季） | −10.200 6 | 0.000 0 | 平　稳 |

数据来源：根据 Eviews 6.0 软件计算得出。

最后，运用非对称价格传递误差修正模型对冬、夏两季的黄瓜和西红柿的价格传递特征进行了比较，回归结果详见表 7-4。表 7-4 显示了式 7-1 的结果，从 $R^2$ 统计量来看，4 个模型的总体拟合效果较好。从各变量的回归系数来看，冬、夏两季的黄瓜和西红柿的系数模拟结果普遍比较显著。从非对称价格传递特征来看，主要得出以下几点结论：

（1）由夏季的黄瓜和西红柿的模型可知，两个模型中 $ECM_{t-1}^{+}$ 系数的值分别为 0.194 4、－0.385 6，$ECM_{t-1}^{-}$ 的系数值分别为－1.182 2、－0.928 3，$ECM_{t-1}^{+}$ 系数的绝对值均小于 $ECM_{t-1}^{-}$ 的系数绝对值。由前文的分析可知，$ECM_{t-1}$ 的系数越大，表示农产品收购价格对零售价格反应越大。因此，对于夏天的黄瓜和夏天的西红柿来说，收购价格对零售价格上涨反应较小，而对零售价格下跌反应较大。对于冬天的西红柿来说，则正好相反，$ECM_{t-1}^{+}$ 的系数值为－0.589 2，$ECM_{t-1}^{-}$ 的系数值为－0.356 6；冬季的黄瓜与冬季的西红柿稍有差别，$ECM_{t-1}^{+}$ 和 $ECM_{t-1}^{-}$ 的系数相差不是很大。总之，上述产品的对比说明，越是容易腐烂的果蔬产品，收购价格对零售价格上涨反应就会越小。

（2）黄瓜等 4 组纵向关联市场间的价格传递对称性结论的得出，采用参数约束 Wald 法对 $H_0$ 假设进行联合系数检验，也就是检验原假设 $H_0:\alpha_1\Delta P_{rt-z}^{+}=\alpha_2\Delta P_{rt-z}^{-}$，且 $\alpha_3^{+}=\alpha_3^{-}$。如果 $\chi^2$ 统计量不能显著地拒绝原假设，则说明价格传递是对称的。由表 7-4 可知，冬季的黄瓜和西红柿相对容易贮藏，冬季黄瓜的 $\chi^2$ 值为 1.051 3，冬季西红柿的 $\chi^2$ 值为 0.591 3，价格传递模型检验在 10％的显著性水平下均无法拒绝原假设，可以认为冬季的黄瓜和西红柿的价格传递是对称的。相反，夏季的黄瓜和西红柿相对冬季时更加容易腐烂，夏季黄瓜的 $\chi^2$ 值为 2.912 9，夏季西红柿的 $\chi^2$ 值为 4.985 6，价格传递模型分别在 10％和 1％的水平下显著地拒绝原假设，因此夏季的黄瓜和西红柿纵向关联市场间的价格传递具有非对称性。从冬、夏两季黄瓜和西红柿价格传递的对称性来看，越是冬季的产品，非对称价格传递特征相对较弱，越是夏季的产品，非对称价格传递特征越明显。

**表 7-4　非对称价格传递误差修正模型**

| 变量 | 系数 | 黄瓜（冬季） | 黄瓜（夏季） | 西红柿（冬季） | 西红柿（夏季） |
|---|---|---|---|---|---|
| $c$ | $\alpha_0$ | 0.280 4 | 0.290 0** | 0.140 5 | 0.193 6** |
| $\Delta P_{rt}^{+}$ | $\alpha_{20}^{+}$ | 0.798 1*** | 0.123 8 | 0.331 3* | 0.472 2* |
| $\Delta P_{rt-1}^{+}$ | $\alpha_{21}^{+}$ | －0.312 6 | 0.090 4 | －0.091 8 | 0.023 5 |

（续）

| 变量 | 系数 | 黄瓜（冬季） | 黄瓜（夏季） | 西红柿（冬季） | 西红柿（夏季） |
|---|---|---|---|---|---|
| $\Delta P^{+}_{rt-2}$ | $\alpha^{+}_{22}$ | −0.204 6 | 0.239 6 | −0.067 0 | 0.388 1* |
| $\Delta p^{+}_{rt-3}$ | $\alpha^{+}_{23}$ | −0.201 6 | −0.231 0 | 0.031 7 | −0.088 8 |
| $\Delta P^{-}_{rt}$ | $\alpha^{-}_{20}$ | 0.437 7* | 0.632 4*** | 0.749 3*** | 1.627 9*** |
| $\Delta P^{-}_{rt-1}$ | $\alpha^{-}_{21}$ | 0.112 9 | 0.333 5* | 0.097 4 | 0.393 9 |
| $\Delta p^{-}_{rt-2}$ | $\alpha^{-}_{22}$ | 0.016 8 | −0.131 3 | −0.041 6 | 0.596 1** |
| $\Delta P^{-}_{rt-3}$ | $\alpha^{-}_{23}$ | 0.227 1 | 0.073 3 | −0.099 4 | 0.290 6 |
| $ECM^{+}_{t-1}$ | $\alpha^{+}_{3}$ | −1.101 4*** | 0.194 4 | −0.589 2* | −0.385 6 |
| $ECM^{-}_{t-1}$ | $\alpha^{-}_{3}$ | −1.161 5*** | −1.1822*** | −0.356 6 | −0.9283* |
| Adjusted $R^2$ | | 0.762 9 | 0.619 4 | 0.623 6 | 0.669 0 |
| Wald 检验：$\chi^2$ 统计量 | | 1.051 3 | 2.912 9* | 0.591 3 | 4.985 6*** |
| 是否对称 | | 对　称 | 不对称 | 对　称 | 不对称 |

注：*、**和***分别表示 $\chi^2$ 统计量在10%、5%和1%水平下显著。

## 7.3 小结

相对于夏季来说，冬季气温较低，农产品可以贮藏的时间较长，而夏季的农产品则非常易腐易烂。本章采用非对称价格传递的误差修正模型，选取黄瓜、西红柿这两种产品，将这两种产品不同季节的价格传递特征进行了对比分析，分析易腐性如何作用于非对称价格传递。研究结果表明：

与冬季的黄瓜和西红柿相比较而言，夏季的黄瓜和西红柿更加容易腐烂，其可贮藏的时间更短，当零售价格上涨的时候，夏季的黄瓜和西红柿的收购价格上涨幅度更小，而当零售价格下降的时候，夏季的黄瓜和西红柿的收购价格下降幅度会更大。

从同一品种不同季节的产品的比较可知，越是夏季的产品越易腐，其非对称价格传递特征越明显，越是冬季的产品越容易贮藏，其非对称价格传递特征越微弱。本章从易腐性的另一方面证明了易腐性对价格传递的影响为正，这使得本章的结论更具说服力。

# 8 我国易腐农产品贮藏的政府支持政策实施效果评估

已有研究表明，农产品非对称价格传递会使得消费者或农户的收益受损（Jochen Meyer，Stephan von Cramon-taubadel，2004）。本书的非对称价格传递不涉及消费者的收益情况，而更多地与农户收益相关，具体来说，即在价格上涨中农户分享的收益少，在价格下降中农户承担的风险大。现实中，水果、蔬菜“卖难”现象时有发生，尤其是价格下降时果蔬种植农户的损失往往会更加惨重，果蔬销售价格无法实现其价值或低值出售，这给农业生产者带来了重大打击；而在价格上涨中，农户所感受到的果蔬收购价格上涨幅度也并不是很大，果蔬种植农户“增产不增收”的现象逐渐出现。因此，提高农户在价值链上的议价能力、降低价格的非对称传递程度，对提高农户的生产积极性和促进农业可持续发展具有一定必要性。

前文的实证研究表明，果蔬的易腐特性是导致农产品价格非对称传递的主要因素之一，那么理论上来说，政府通过适当的贮藏支持政策可以降低农产品的易腐特性，延长农产品的生命周期，农户就可以选择不同的时机出售产品来避免集中上市的价格风险（徐雪高，2011；刘静，2009），因此政府的贮藏支持政策可以提高农户的议价能力，降低价格传递的非对称性。

近年来，我国政府等各相关部门越来越重视对易腐农产品贮藏能力和易腐产品贮藏科技服务推广的建设。但目前对这些政策措施的实施效果评估大多还停留在定性和描述性分析的基础上，从农户层面来分析目前政府贮藏支持政策实施效果的实证研究还比较缺乏。据此，本章利用微观调查数据，以梨果为例，对我国目前的政府贮藏支持政策的实施效果进行实证分析。选择梨果作为研究对象的原因如下：目前我国水果、蔬菜这类易腐性食品在流通过程中受到的各种损耗非常大，采后的损失高达35%（龚树生等，2006）；梨果是损耗较大的水果之一，多数梨果品种在常温下极易后熟、软化、不耐贮藏。但在采用冷藏或气调贮藏条件下，腐烂损耗小，多数品种一般可以贮藏3～4个月甚至更长（冯双庆，2008）。

## 8.1 我国易腐农产品贮藏的政府支持政策分类

### 8.1.1 政府支持易腐农产品贮藏的必要性

易腐农产品贮藏的政府支持政策主要是指，从政府这个行为主体出发，由政府提供或支持建设贮藏设施、鼓励多元化科技服务推广渠道等政策措施。

发达国家的经验表明，在易腐产品的冷链系统建设和科技服务推广等建设中，政府扮演着重要角色。首先，政府在促进农产品贮藏和流通过程中，各国政府都十分注重发挥公共设施服务功能，不断完善基础设施。如欧盟每年从财政中拨款，对改善农产品运输、储存、加工和销售的项目进行补贴，包括修建道路、码头、仓库（包括冷库）和市场等基础设施，此项补贴占欧盟农业基金的25%，在某些基础设施较差的地区甚至可达30%～50%。其次，各国政府十分重视科技服务推广渠道的建设，加大对易腐产品采收、贮藏知识的普及力度，加大对科技服务推广的投入，积极建立以“企业为主体、政府引导、多方参与”的多元化投入机制。

鲜活农产品流通体系具有重要的公益性，要在充分发挥市场机制作用的同时，加大政策扶持力度。鉴于我国目前的冷链建设系统总体处于发展的初级阶段，冷链物流的硬件设施陈旧落后，同时科技服务推广渠道单一；同时，果蔬冷链系统需要巨额资金投入，但是农户、经销商、批发市场、零售终端等市场主体投资冷链系统的收益率低、回收期长，缺乏投资积极性；消费者对经冷链运输的高价农产品支付意愿不强。因此，在易腐产品贮藏的投资建设中，政府参与和支持，并进行适当的引导具有一定的必要性。

### 8.1.2 政府对贮藏设施建设的支持政策

从政府的角度出发，为了防止易腐农产品损耗带来的损失和浪费，政府可以加大对贮藏设施建设的支持，如支持投资冷链、冷库等机械冷藏和气调贮藏的建设。与土窑洞和通风库等靠自然冷源的贮藏方式不同，机械冷藏和气调贮藏具有良好隔热、防潮效能的库房和机械制冷设备，不但可以满足不同果蔬对温度的不同需要，并且受外界环境温度的影响较小，可以全年使用，果蔬贮藏时间也大大延长。近年来，在我国政府的支持下，经过引进、消化和吸收国外先进技术和设备，加上我国科研人员的不断研究和探索，冷藏技术得到了迅速发展，果蔬主产区已经逐渐兴建了一批规模不等的冷藏库和气调库，我国水果、蔬菜用冷库和气调库贮藏的比例在不断增加，这对于提高果蔬贮藏质量和效益、促进果蔬的常年消费、出口发挥了良好的作用。

一般来讲，水果、蔬菜等农产品具有上市期集中、不易保鲜等特性，这使得农户在议价中处于被动、弱势地位（李国祥，2011）。从理论上来说，政府通过加大对冷库等基础设施建设的支持，使农户可以将产品贮藏到冷库中，延长产品的生命周期，这样农户对果蔬交易时间的要求就不是非常严格，减少了中间流通商压价的筹码，从而提高农户的议价能力。

因此，政府在易腐农产品的贮藏设施建设方面加大支持力度，可能会显著提高农户的议价能力，政府的支持政策效果也就更明显。

### 8.1.3　政府鼓励发展多元化科技服务推广渠道的政策

从政府角度出发，政府还可以鼓励发展多元化科技服务推广渠道，从而提高农户果蔬贮藏的知识水平。果蔬的贮藏是一项系统工程，要延长果实的采后贮藏寿命，除需要有完善的采后处理技术和贮藏条件，还必须考虑采前因素和采收过程中对果实的影响，采前要确保生产健康优质的耐贮运果实产品，这是成功贮藏的基础；采收过程中，务必完好无损地（或将损伤控制到最低程度）收获果实产品，这是减少采后损失的前提，这就需要政府从采前、采收中和采后全方位地重视贮藏知识的普及，因此鼓励发展科技服务推广渠道，使得农户了解采收贮运的知识，可以提高农户采前和采收过程中对产品贮藏知识的了解，从而提高产品的耐贮性。

但就科技服务推广本身来说，由不同主体推广的科技服务的效果可能有所差别。廖西元等（2008）的研究表明，我国目前以政府主导为主、自上而下、单向的农业技术推广模式，往往导致农业技术人员（简称“农技员”）更加重视上级政府的要求，而忽视农户的需求，从而导致技术推广的效果不是很明显，下述案例也可以反映这个情况。而对于由合作社、私营机构主导的科技服务推广来说，尤其是在一些高价值的产品领域，农产品的价值越高，非政府机构获利的可能性就越大，从事技术推广的积极性就越高，因此，非政府机构对农业技术推广起的作用越来越大（农业部农村经济研究中心课题组，2005）。

相对于一般的大田粮食作物来说，梨果属于高价值的产品，因此非政府机构的科技服务推广的作用可能更大。

因此，以政府机构为主导的科技服务推广更多重视上级政府的要求；与政府机构主导的科技服务推广不同，非政府机构更能重视农户对贮藏等方面科技知识的实际需求，从而更有助于提高梨果的贮藏期，进一步提高农户的议价能力。总之，政府鼓励发展多元化的科技服务推广渠道，尤其是非政府机构推广的科技服务的效果在当前来说可能更加明显。

**案例** A师傅是辛集市Z村的一个普通村民，65岁，小学文化。经营梨地已经有30余年，而自己种植的梨树的最大树龄也已达35岁。因之前种植梨树的时间长，梨果种植经验丰富，A师傅一边经营自己的梨地，一边兼任村里的技术员，帮助村里的其他梨农打农药和传播预防病虫害知识等。A师傅在2009年之前经营共30亩[①]梨地，其中承包地15亩，自有地15亩；2009年，自己开始投资建立冷库，就将所有的梨地均转包了出去。他所投资的冷库规模较大，投资规模达500万元，库存能力达1 000万吨。该冷库主要承担代储代藏功能。进行代储代藏的主要是本村村民和附近村民，每箱梨果的储藏费用为5元，一年储藏费用的经营收入可达500 000元。实际上，A师傅不仅承担着冷库经营者的角色，同时也承担着经纪人的角色。A师傅通过自己的人脉联络销售市场，然后代农户卖梨。

A师傅说："我自己只是一个小技术员，冷库建设的费用高，投资规模大，需要的贮藏技术也高，但我对梨果预冷时温度的调控把握不好，只能通过电视和报纸等渠道来获取贮藏的技术信息，自己再进行揣摩和反复实验——虽然乡政府也会派一些科技员进行科技推广，为村民传播科技服务知识，但下派技术员一般都只是传播农药施用和预防病虫害等知识，对梨果贮藏的知识了解得也有限……"

上述案例具有代表性，A师傅的情况反映了目前农村地区科技服务推广面临的普遍问题：科技服务推广的主体以政府为主，推广主体单一；其次，以政府主导的科技服务推广对农户的科技需求了解较少，科技服务推广的内容缺乏针对性，尤其是对于易腐农产品来说，缺乏对这类产品在贮藏、保险和储运方面科技服务的普及；由政府主导的科技服务推广的人员文化层次普遍较低，专有人才缺乏。

① 亩为非法定计量单位，1亩≈666.7米$^2$。下同。——编者注

## 8.2 数据及样本统计描述

### 8.2.1 数据说明

本章数据来源于课题组在河北省辛集市和湖北省恩施市宣恩县的调查。选择这2个县（市）是因为河北省辛集市和湖北省宣恩县是我国梨果的重要产地。辛集市是全国著名的梨树种植规模较大、管理水平较高的梨果主产区，种植的梨果品种以鸭梨为主，是“中国鸭梨之乡”。宣恩县种植的主要梨果品种黄金梨在国内外市场备受青睐，并在湖北省优质梨的鉴评中屡次获奖，同时黄金梨产业是宣恩县农业支柱产业之一。调查样本共涉及4个乡镇的8个村，根据村落大小，每村随机选择20～25户农户作为访问对象，针对农户2010年梨果的种植和销售等情况进行了调查。为保证调查质量，调查采取和农户面对面访谈、调查员代为填写问卷的方式进行。调查结束后，笔者对部分被调查农户通过电话进行了核实。调查共获得问卷214份，剔除数据不全及存在矛盾数据的问卷5份，最终获得有效问卷209份，其中来自河北辛集市的问卷120份，来自湖北宣恩县的问卷89份。

### 8.2.2 样本的统计描述

**(1) 农户的基本特征**。从表8-1来看，第一，被调查农户以小规模生产为主，梨园面积在5亩以下的农户所占比例超过了50%；第二，被调查农户中，年龄在40～59岁的户主所占比例接近70%；第三，户主受教育程度为9年以下的农户在被调查农户中的比例超过了80%，这说明，梨果种植农户户主的受教育程度普遍偏低。综合来看，样本具有一定的代表性，数据较可靠。

**表8-1 被调查农户的基本特征**

| 项目 | 选项 | 户数 | 占调查总户数的比重（%） |
|---|---|---|---|
| 梨园面积 | 5亩以下 | 122 | 58.37 |
| | 5～9亩 | 66 | 31.58 |
| | 10亩及以上 | 22 | 10.53 |
| 户主年龄 | 40岁以下 | 31 | 14.83 |
| | 40～59岁 | 144 | 68.90 |
| | 60岁及以上 | 34 | 16.27 |

（续）

| 项目 | 选项 | 户数 | 占调查总户数的比重（%） |
|---|---|---|---|
| 户主受教育程度 | 0 年 | 4 | 1.91 |
| | 1～5 年 | 32 | 15.31 |
| | 6～8 年 | 63 | 30.14 |
| | 9 年及以上 | 22 | 10.53 |

**(2) 农户销售梨果的价格情况**。如表 8-2 所示，第一，湖北省被调查农户黄金梨的平均销售价格高于河北省被调查农户鸭梨的平均销售价格；第二，对于河北省来说，2010 年，有 47.50%的被调查农户鸭梨平均售价在每千克 2 元以下，有 52.50%的被调查农户鸭梨平均售价在每千克 2～4 元；第三，对于湖北省来说，2010 年，有 5.62%的被调查农户黄金梨平均售价在每千克 2 元以下，有 79.78%的被调查农户黄金梨平均售价在每千克 2～4 元，有 14.61%的被调查农户黄金梨平均售价在每千克 4 元以上。由此可见，在一年当中不同梨农销售梨果的平均价格存在较大差异。

**表 8-2　被调查农户梨果销售所获价格情况**

| 项目 | 选项 | 户数 | 占当地调查总户数的比重（%） | 价格均值（元/千克） |
|---|---|---|---|---|
| 河北省 | 2 元/千克以下 | 57 | 47.50 | 1.92 |
| | 2～4 元/千克 | 63 | 52.50 | |
| | 4 元/千克以上 | 0 | 0 | |
| 湖北省 | 2 元/千克以下 | 5 | 5.62 | 3.44 |
| | 2～4 元/千克 | 71 | 79.78 | |
| | 4 元/千克以上 | 13 | 14.61 | |

## 8.3　实证分析

通过上述的理论分析，在对已有调研数据进行描述性分析的基础上，本节将选取合适的变量和计量模型对本章要研究的问题进行实证检验。

### 8.3.1　变量选取与说明

本章的因变量为农户梨果的销售价格，将影响梨果销售价格的解释变量确定为损耗控制变量和其他控制变量。其中，每一类变量分别选取若干具体可测度的变量作为描述变量，共确定了 12 个解释变量。各个变量的含义、描述性统计分析结果及其对被解释变量的预期影响方向，如表 8-3 所示。

**(1) 农户的议价能力**

在其他条件不变的情况下，农户的议价能力越高，梨果的销售价格也会越高；农户的议价能力越低，梨果的销售价格也越低，二者具有正向关系。因此，本章用梨农在一年当中梨果的平均销售价格来衡量农户的议价能力，梨果的销售价格可能是农户一次性销售梨果的价格，也可能是分批销售梨果的平均价格。农户所获得的销售单价是连续的，被调查农户梨果的平均出售价格为 2.52 元/千克（表 8-3）。

**(2) 易腐产品贮藏的政府支持政策变量**

在政府提供的贮藏手段中，选用是否通过冷库贮藏梨果 $X_1$ 和与最近的冷藏库距离 $X_2$ 这两个变量来衡量。在我们的实地调研中发现，有的乡镇或村修建了冷库，这些冷库大多承担着代储的角色，本村或临近村的大多数梨农会出售一部分梨果，而将剩下的一部分梨果贮藏到冷库中；而有的乡镇并没有修建冷库，或者距离其他乡镇的冷库距离太远，这些乡镇、村的农户均会直接将梨果销售出去。因此，本章选择这两个变量来衡量政府提供的贮藏措施是合理的。

在政府支持和鼓励多元化的科技服务推广渠道的政策措施中，本章选用了农户获得的科技服务推广渠道是来自国有科技推广机构（包括没有获得任何科技推广机构的服务）还是来自合作社等其他机构的科技推广机构（包括冷库、其他私营机构），即变量 $X_3$。

**(3) 其他控制变量**

本章的主要目的是对已有关于易腐产品的政府控制的政策措施进行评估，评价的主要标准是从农户微观角度出发，查看已有的政府政策措施对提高农户议价能力效果的影响。需要注意的是，农户议价能力还会受到其他因素的影响，因此需要加入其他控制变量，使得模型更加完善、结论更具说服力。影响农户议价能力的因素包括以下几方面的内容：首先，组建各种农民专业经济合作组织，可以克服农户规模小、各自分散决策导致相互之间竞争等问题，由此改变农户的被动和弱势地位，提高农户的议价能力（洪银兴、郑江淮，2009；黄祖辉、梁巧，2007）。其次，不同规模的农户由于向市场供给产品的数量存在差异，因此导致议价能力不同（Kydd 等，2000）。再次，果蔬的质量和品牌、农户的受教育程度和信息获取能力也会影响农户的议价能力（屈小博、霍学喜，2007；章喜为，1998）。

因此，总结上述因素，农户的农产品销售价格还会受到以下因素的影响：产品种植规模、产品销售方式、是否是合作社成员、农户特征、产品品种、产品包装程度等，具体来说，农户规模越大、农民越能够积极加入专业合作社、产品品牌的影响力越强，农户获取信息的能力越强，农民的议价能力也就越高(洪银兴、郑江淮，2009；赵晓飞，2009；屈小博、霍学喜，2007)。本章进一步将上述控制变量归纳为以下三类：市场力量、农户特征、产品质量。这三类变量的具体测量和赋值如表 8-3 所示，包括梨果的种植规模 $X_4$、梨果的销售方式 $X_5$、是否是合作社成员 $X_6$、户主年龄 $X_7$、户主教育程度 $X_8$、从事梨果种植年数 $X_9$、户主是否了解市场信息 $X_{10}$、梨果品种 $X_{11}$、梨果的包装程度 $X_{12}$。

**表 8-3　变量说明及描述性统计分析**

| 变量名称 | 测量及赋值 | 均值 | 标准差 | 预期方向 |
|---|---|---|---|---|
| 农户梨果的销售价格（$Y$） | 农户销售梨果单价（元/千克） | 2.524 5 | 1.238 7 | — |
| 易腐产品的损耗控制措施 | | | | |
| 是否通过冷藏库贮藏梨果（$X_1$） | 是=1；否=0 | 0.181 8 | 0.386 6 | + |
| 与最近的冷藏库距离（$X_2$） | 大于 2.5 公里=1；<br>2.5 公里以内=0 | 0.425 8 | 0.495 7 | — |
| 获得科技服务推广渠道（$X_3$） | 合作社、冷库和私营机构=1；<br>国有科技推广机构或没有=0 | 0.162 7 | 0.370 0 | + |
| 其他控制变量 | | | | |
| 梨果种植规模（$X_4$） | 农户的梨果种植面积（亩） | 5.373 7 | 7.976 4 | + |
| 梨果的销售方式（$X_5$） | 自行销售=1；卖给中间商=0 | 0.823 0 | 0.976 8 | + |
| 是否是合作社成员（$X_6$） | 是=1；不是=0 | 0.226 0 | 0.419 2 | + |
| 户主年龄（$X_7$） | 户主的实际年龄（岁） | 48.971 2 | 10.440 0 | ? |
| 户主受教育程度（$X_8$） | 户主教育程度（年） | 7.776 7 | 2.516 0 | + |
| 从事梨果种植年数（$X_9$） | 种植年数（年） | 13.152 9 | 7.748 3 | + |
| 是否了解市场信息（$X_{10}$） | 了解超市的销售价格=1；<br>不了解超市的销售价格=0 | 0.243 4 | 0.430 3 | + |
| 梨果品种（$X_{11}$） | 黄金梨=1；鸭梨=0 | 0.425 8 | 0.495 7 | ? |
| 梨果的包装程度（$X_{12}$） | 有包装=1；无任何包装=0 | 0.277 5 | 0.448 8 | + |

注："—"表示负向影响，"+"表示正向影响，"?"表示影响方向不确定。

### 8.3.2 实证结果分析

**(1) 模型设定**

考虑到因变量价格数据是连续变量，因此可以选择多元回归模型进行OLS回归，据此，我们设定的回归模型为

$$\ln(P_i) = \alpha_0 + \beta X_i + \gamma Z_i + \varepsilon_i \qquad (8\text{-}1)$$

在式8-1中，$X_i$为政府贮藏支持政策变量，$Z_i$为农户规模等其他控制变量。

为了解决异方差问题，我们使用了稳健加权最小二乘法（Robust WLS）估计，该方法采用再加权最小二乘法加上Huber和双权数函数，并按95%的高效率调整。对因变量也做了去对数处理，进一步减少了异方差性。另外，由于该调查结果是横截面数据，我们可以不考虑序列相关性。其次，对选定的变量进行多重共线性检验，发现所选择的13个变量方程膨胀因子*VIF*均小于10，认为各个变量之间不存在显著的多重共线性。在这样的前提下，本章将所有变量全部引入回归方程，然后进行多元回归。从表8-4来看，模型拟合优度的判定系数$\bar{R}^2$为0.614 6，考虑到我们分析的是微观调研数据，这个模拟效果还是比较理想的。

**(2) 计量结果分析**

**1) 易腐农产品贮藏的政府支持政策变量**

是否通过冷藏库贮藏梨果通过了5%统计水平的显著性检验且系数为正，与预期相符。这表明，在其他条件不变的情况下，用冷藏库贮藏梨果的农户比没有用冷藏库贮藏梨果的农户能够获得更高的销售价格。统计数据显示，河北省辛集市和湖北省宣恩县使用冷藏库贮藏梨果的农户比没有使用冷藏库贮藏梨果的农户梨果销售价格每千克分别高0.82元和0.65元。这说明，当梨果成熟的时候，农户由于不具有保鲜能力而使得梨果集中上市，造成价格下跌，农户在议价中明显处于弱势地位。但是具有冷藏库储藏条件的农户则可以将梨果贮藏到冷藏库中，选择不同的时机来销售，由此提高了农户的议价能力，也可以获得相对较高的价格。

与最近的冷藏库距离这一变量通过了5%统计水平的显著性检验且系数为负，与预期相符。这表明，在其他条件不变的情况下，与最近的冷藏库距离越近，梨果的销售价格越高。统计数据显示，在辛集市和宣恩县，距最近冷藏库距离小于2.5公里的农户比2.5公里以外的农户梨果销售价格每千克分别高

0.51 元和 0.41 元。也就是说，与冷藏库距离越近，农户越倾向于通过冷藏库贮藏梨果，与冷藏库距离越远，通过冷藏库贮藏梨果的运输等交易成本较高，因此农户可能在梨果丰收之后尽早将其售出，获得的价格也相对较低。

获得科技服务推广渠道这一变量通过了 5%统计水平的显著性检验且系数为正，与预期相符。由此可以说明，在其他条件不变的情况下，越是以政府为主导的科技服务推广，对提供农户贮藏梨果知识面的作用越小，对农户议价能力的影响越小，越是以非政府主导的科技服务推广，对提高农户贮藏梨果知识面的作用越大，越能够提高农户的议价能力，因此农户销售梨果时可以获得更高的价格。

**2）其他控制变量**

农户种植规模变量通过了 10%统计水平的显著性检验且系数为正，与预期相符。这表明在其他条件不变的情况下，梨农的种植规模越大，所能获得的平均价格越高。由此可以说明，梨农的种植规模越大，其向市场供给产品的数量越多，市场的谈判力量也越大，因此销售价格越高。梨果的销售方式变量通过了 10%统计水平的显著性检验且系数为正，与预期相符。这表明，农户选择自行销售梨果要比通过收购商或中间商销售能够获得更高的价格。

是否是合作社成员这一变量没有通过显著性检验，可能的原因是，所调查地区农民专业合作社的运作并不是很规范，有些可能已经异化成了营利性机构，因此在农户销售梨果的过程中，并不能真正起到帮助梨农提高议价能力的作用。

从事梨果种植年数变量通过了 5%统计水平的显著性检验，这与预期相符。这表明，在其他条件不变的情况下，农户种植梨果的时间越长，对梨果市场变化的认识和分析能力越高，因此议价能力也越高。农户是否了解市场信息变量通过了 10%统计水平的显著性检验，这与预期相符。这表明，在其他条件不变的情况下，农户越了解市场信息，越可以增强农户销售梨果的议价能力，避免买主压价的风险，因此可以获得较高的单价。

户主的年龄变量和受教育程度变量均没有通过显著性检验。可能的原因是，被调查农户户主年龄和受教育程度的分布比较集中，近 70%的被调查农户户主年龄为 40～59 岁，近 90%的被调查农户户主的受教育程度在 9 年以下。

梨果品种这一变量通过了 1%的显著性检验，这与预期相符。由此可以看出，黄金梨的销售价格高于鸭梨的销售价格，鸭梨在全国栽培广泛，产量较大，因此销售价格相对较低。

梨果的包装程度变量没有通过显著性检验。可能的原因是，梨农在销售梨果时所采用的包装还没有达到收购商的要求，即使梨农对梨果进行了简易的包装，但仍然无法增强梨农的议价能力，因此无法获得较高的价格。

**表 8-4 梨农销售梨果所获价格影响因素的多元回归结果**

| 影响因素 | $\beta$ | $T$ 值 | $P$ 值 |
| --- | --- | --- | --- |
| 易腐产品的损耗控制措施 | | | |
| 是否通过冷藏库贮藏（$X_1$） | 0.452 2 | 2.343 5 | 0.020 4 |
| 与最近的冷藏库距离（$X_2$） | 0.348 2 | 2.365 6 | 0.019 0 |
| 获得科技服务推广渠道（$X_3$） | 0.720 3 | 3.799 5 | 0.000 2 |
| 其他控制变量 | | | |
| 梨果种植规模（$X_4$） | 0.037 4 | 1.760 4 | 0.080 1 |
| 梨果的销售方式（$X_5$） | 0.391 4 | 1.669 7 | 0.096 8 |
| 是否是合作社成员（$X_6$） | 0.090 8 | 0.653 5 | 0.514 3 |
| 户主年龄（$X_7$） | −0.004 4 | −0.753 6 | 0.452 1 |
| 户主受教育程度（$X_8$） | 0.007 5 | 0.302 0 | 0.763 0 |
| 从事梨果种植年数（$X_9$） | 0.033 1 | 2.466 9 | 0.014 6 |
| 是否了解市场信息（$X_{10}$） | 0.027 1 | 1.743 0 | 0.083 3 |
| 梨果品种（$X_{11}$） | 1.361 4 | 2.737 8 | 0.006 8 |
| 梨果的包装程度（$X_{12}$） | 0.220 5 | 1.313 9 | 0.190 8 |
| $\bar{R}^2$ | | 0.614 6 | |

数据来源：根据 Eviews 6.0 软件计算得出。

## 8.4 小结

本章利用对河北省辛集市和湖北省宣恩县梨果种植农户的调查数据，通过建立多元回归模型，重点分析了近年来我国易腐产品贮藏的政府支持政策的实施效果，主要得出以下几点结论：

第一，我国易腐农产品贮藏的政府支持政策中，政府支持提供贮藏设施的实施效果比较明显。

从农户的议价能力是否得到显著提高来衡量政策的实施效果，在反映政府支持提供贮藏设施变量中，是否通过冷库贮藏梨果和与最近冷藏库距离变量对农户梨果销售价格有显著影响，前者的影响方向为正，后者的为负。

第二，我国易腐农产品贮藏的政府支持政策中，政府支持鼓励发展非政府机构的科技服务推广渠道的实施效果比较明显。

在反映政府支持发展非政府机构的科技服务推广渠道变量中，是否通过合作社、冷库等非政府机构获得科技服务推广变量对农户梨果销售价格有显著影响。由此可以看出，以政府机构主导的科技服务推广质量需要进一步提高，面对农户需求也更需具有针对性。

第三，在其他控制变量中，梨果种植规模和梨果的销售方式对农户梨果销售价格有显著正向影响；从事梨果种植年数变量和是否了解市场信息变量对农户梨果销售价格均有显著正向影响；梨果品种变量对农户梨果销售价格有显著正向影响。

# 9 结论与政策建议

## 9.1 主要结论

本书的目标是探索农产品非对称价格传递产生的原因，在流通环节存在垄断力量的前提下，进一步考虑了农产品的易腐特性，以果蔬为例，首先分析了果蔬价格非对称的传导路径，接着从不同产品间和同一产品的不同季节间两个维度考察了易腐性对非对称价格传递的影响，并在此基础上，进一步探讨了目前易腐农产品贮藏的政府支持政策实施效果。全书的主要结论如下：

**(1) 果蔬的非对称价格传递路径为从下游的零售价格传导到上游的收购价格**

具体来说，随着技术进步、“菜篮子”工程的推进和果蔬进口量的扩大，我国果蔬的供给总体已经比较充分，而随着近年来居民收入提高，人们对水果、蔬菜的安全程度、质量和口味等方面更加关注，而果蔬的下游企业可以直接面对不断变化和升级的消费需求，而上游的生产者则对消费者信息了解不够敏感，所以下游企业会将产品质量、季节性的要求贯彻到上游的生产环节。因此，果蔬纵向关联市场间需求的变化对果蔬市场的影响越来越重要，在价格传导路径方面也表现为零售价格带动收购价格的变化。就实证结果来看，苹果、香蕉、土豆和西红柿这几种产品的零售价格是收购价格变动的先行指标。虽然在个别时期收购价格和零售价格互为因果关系，但至少在统计上无法证明收购价格先行于零售价格。从预测角度上来说，在上述 4 种产品的价格传导中，零售价格变动领先于收购价格，前者对后者有一定预测力，但收购价格对零售价格走势则不具有预测效应；在可容许的误差范围内，我们可以借助水果、蔬菜零售价格的变动来预测未来收购价格的变动，而借助后者来预测前者可能会带来较大误差。因此，果蔬非对称价格传导的路径为，由零售价格传导到收购价格。

**(2) 当零售价格传导到收购价格时，农户在面对价格上涨和下降时做出了非对称的反应。这一现象产生的原因是中间流通环节和农户之间市场力量的对比存在差异，而农产品的易腐特性加剧了市场力量对比的差异程度**

在我国农产品的中间流通环节，存在一定规模的垄断势力，相对农户而言，他们具有较强的议价能力，这使得当零售价格上涨时，收购价格上涨幅度较小，而当零售价格下降时，收购价格下降幅度较大。农产品具有易腐特性，农户生产出来的产品需要在短时间内尽快售出，否则面临腐烂的风险，而此时中间流通商借此可以向农户压价，农户更加处于议价的弱势地位，因此，易腐性加剧了生产环节和中间流通环节市场力量对比的差异程度。

**(3) 从不同产品间的比较来看，越是易腐的果蔬产品，其非对称价格传递特征越强，越是容易贮藏的果蔬产品，其非对称价格传递特征越微弱**

易腐性加剧了市场垄断力量的对比程度，也就是说，当零售价格上涨时，易腐产品的收购价格上涨幅度更小，而当零售价格下降时，易腐产品收购价格的下降幅度更大，因此易腐农产品的非对称价格特征更加明显。对苹果、土豆、黄瓜等10种易腐程度不同品种的农产品进行比较，非对称价格传递误差修正模型的结果显示，香蕉、柑橘、黄瓜、西红柿和菠菜这5种产品属于易腐产品，其非对称价价格传递特征较强，苹果、梨果、土豆、生姜和大白菜这5种产品属于耐贮藏产品，其非对称价格传递特征较弱。

**(4) 从同一产品不同季节的比较来看，越是夏季产品的非对称价格传递特征越强，越是冬季产品的非对称价格传递特征越弱**

一般来说，夏天气温较高，产品变质腐烂的速度加快，此时农户的议价能力降低；冬季气温较低，产品可贮藏的时间变长，农户的议价能力会相对较高。以黄瓜、西红柿两种产品为例，通过将这两种产品的夏季和冬季进行比较，非对称价格传递的误差修正模型的结果表明，越是夏季果蔬的非对称价格传递特征越强，越是冬季果蔬的非对称价格传递特征越微弱。

**(5) 当前我国易腐农产品贮藏的政府支持政策实施效果明显，有效提高了农户的议价能力**

在反映政府支持提供贮藏设施变量中，是否通过冷库贮藏梨果和与最近冷藏库距离变量对农户梨果销售价格有显著影响，前者的影响方向为正，后者的为负。在反映政府支持发展非政府机构的科技服务推广变量中，是否通过合作社、冷库等非政府机构获得科技服务推广变量对农户梨果销售价格有显著影响。由此可以看出，以政府机构主导的科技服务推广质量需要进一步提高，面对农户需求也更需具有针对性。

## 9.2 政策建议

**(1) 非对称价格传递使得农户收益受损，政府应当对生产环节予以补贴**

非对称价格传递使得农户在价格上涨中分享到的收益少，而在价格下降中承担的风险大，因此在纵向关联市场间，政府应当注重对生产环节农户收益的补贴。尤其是近年来我国农产品市场受到的外部冲击因素增多，如食品安全事件、国际金融危机等事件，纵向关联市场间的成员必然对这些冲击因素做出相应调整，而且纵向关联市场间价格传递关系的变动也会导致产品的产业链成员形成福利分配的新格局，农户在这个变化过程中议价能力处于弱势地位。因此，政府应采取措施对生产环节予以适当补贴，保障这些农户收益的稳定增长。

**(2) 不同农产品价格的非对称传递特征有所差异，政府应据此制定不同类型的政策措施**

与苹果、土豆、梨果、生姜和大白菜这类耐贮藏的农产品来说，生产黄瓜、西红柿、菠菜、香蕉和柑橘这类易腐产品的农户的收益受损较大，因此，政府应当加大对易腐产品的扶持力度。也就是说，对于不同类型的农产品来说，政府需要注意到的是不同产品具有不同的特性，政府应该重视从各个角度全面考察并采取相机决策的态度，采取不同力度的政策措施。

**(3) 对于易腐、鲜活的果蔬产品来说，政府应该逐步加快冷链储藏的体系建设**

对于具有易腐特征的农产品而言，应大力发展储存、保鲜等流通服务业业务，尤其鼓励加快建设以冷链和低温仓储、运输为主的农产品冷链系统，降低仓储、物流成本。一是要加大投入，加强农村运输网络特别是到田间地头最后一公里网络建设，确保鲜活农产品货畅其流。二是要支持重点产区和集散地农产品批发市场建设和加快冷链系统建设，降低鲜活农产品损耗，提升农产品品质，调节鲜活农产品供应档期。三是要加快培育和壮大现代物流业主体，特别是要加快建立一支熟悉市场规则的专业合作社队伍和高素质经纪人队伍，大力发展农超对接、合作社门市直销、定点定制化配送等模式，促进鲜活农产品产销衔接。

**(4) 在政府鼓励发展多元化科技服务推广渠道的政策中，尤其要强调经营性科技服务推广体系的重要性**

在反映政府支持发展非政府机构的科技服务推广渠道变量中，是否通过合作社、冷库等非政府机构获得科技服务推广变量对农户梨果销售价格有显著正影响。由此可以看出，由政府机构主导的科技服务推广质量需要进一步提高，面对农户对科技服务的需求也更需具针对性。而对于由合作社、私营机构主导的科技服务推广来说，尤其是在一些高价值的产品领域，农产品的价值越高，非政府机构获利的可能性就越大，从事技术推广的积极性就越高，因此，非政府机构对高价值农产品的农业技术推广起的作用越来越大。总之，政府应鼓励发展多元化的科技服务推广渠道，尤其是由非政府机构主导推广的科技服务，强调合作社、冷库和其他私营机构等主体在科技服务推广体系中的重要性，从而更好地提高农户贮藏知识水平。

## 9.3 研究展望

第一，进一步探索我国农产品非对称价格传递的原因。如何降低农产品价格传递的非对称程度，确保农户在与中间流通环节交易过程的收益不受“剥削”，成为社会各界长期以来关注的重大问题之一，然而农产品非对称价格传递现象的产生是多种因素综合作用的结果。关于农产品非对称价格传递的研究是一个庞大的系统工程，本书所完成的仅仅是对于该问题研究中的一种视角的考察，在农产品易腐性会导致非对称价格传递这一结论的基础上，进一步研究导致农产品非对称价格传递的深层次原因显得非常有必要。

第二，对引起农产品非对称价格传递各个因素的影响程度进行测量，这是未来可能开展的另一研究方向。在多种因素综合作用于农产品非对称价格传递的情况下，能够将各个因素的作用程度进行分解，从而为制定政策提供更为可靠的科学依据。就本书而言，需要更加努力地识别易腐性对非对称价格传递的影响大小。

# 参 考 文 献


奥利弗·E威廉姆森.2001. 治理机制［M］. 王健，方世建，译. 北京：中国社会科学出版社.

毕克新，郭文刚.2004. 中小企业技术创新社会化服务体系中外比较［J］. 中国软科学（1）：93-98.

毕克新，王晓红，葛晶.2007. 技术标准对我国中小企业技术创新的影响及对策研究［J］. 管理世界（12）：164-165.

曹艺.2014. 我国目前使用的几种主要果蔬贮藏保鲜技术［J］. 南方农业（6）：149-151.

陈军.2009. 考虑流通损耗控制的生鲜农产品供应链订货策略及供需协调研究［D］. 重庆：重庆大学.

程国强，胡冰川，徐雪高.2008. 新一轮农产品价格上涨的影响分析［J］. 管理世界（1）：57-81.

但斌，陈军.2008. 基于价值损耗的生鲜农产品供应链协调［J］. 中国管理科学（10）：42-49.

董骏峰，梁樑，邱昊，杜少甫.2009. 易腐产品冷藏供应链博弈模型［J］. 中国科学技术大学学报（3）：278-287.

董晓霞，许世卫，李哲敏，李干琼.2011. 完全竞争条件下的中国生鲜农产品试产价格传导：以西红柿为例［J］. 中国农村经济（2）：22-32.

范润梅，庞晓鹏，王征南.2007. 蔬菜市场批零价差和价格传递机制分析：以北京市为例［J］. 商业研究（11）：110-114.

冯双庆.2008. 果蔬贮运学［M］. 北京：化学工业出版社：286-292.

高海生，梁建兰，柴菊华.2008. 果蔬贮藏保鲜产业现状、研究进展与科技支持［J］. 食品与发酵工业，34（9）：118-123.

高扬.2011. 我国蔬菜价格传导非均衡性的原因及对策研究［J］. 价格理论与实践（5）.

耿红莉.2006. 食品零售业研究综述及研究思路新解［J］. 农业经济问题（5）：69-71.

龚树生，梁怀兰.2006. 生鲜食品的冷链物流网络研究［J］. 中国流通经济（2）：7-9.

郭利京.2011. 中国肉类纵向关联产业价格传递：基于猪肉产业链的实证［D］. 南京：南京农业大学.

贺力平，樊纲，胡嘉妮.2008. 消费者价格指数与生产者价格指数：谁带动谁？［J］. 经济研究（11）：16-26.

洪岚．2009. 粮食供应链整合的量化分析：以北京地区粮食供应链上价格联动为例 [J]. 中国农村经济（10）：58-66.

洪银兴，郑江淮．2009. 反哺农业的产业组织与市场组织：基于农产品价值链的分析 [J]. 管理世界（5）：67-79.

胡华平，李崇光．2010. 农产品垂直价格传递与纵向市场联结 [J]. 农业经济问题（1）：10-17.

黄英伟，汪娟．2007. 中国生猪生产与粮食生产关系的变迁 [J]. 新疆农业科学，44（S2）.

黄祖辉，梁巧．2007. 小农户参与大市场的集体行动：以浙江省箬横西瓜合作社为例的分析 [J]. 农业经济问题（9）：66-71.

黄祖辉，刘东英．2006. 论生鲜农产品物流链的类型与形成机理 [J]. 中国农村经济（11）：4-16.

黄祖辉，张静，陈志钢．2008. 中国梨果产业价值链分析 [J]. 中国农村经济（7）：63-72.

姜长云，张晓敏．2009. 我国农产品价格进入震荡阶段探析 [J]. 宏观经济管理（6）：32-33.

姜长云．2011. 我国农产品价格变化趋势与对策 [J]. 宏观经济管理（7）：32-33.

姜长云．2011. 我国农产品价格的变化 [J]. 经济研究参考（35）：3-6.

姜长云．2012. 应该多关注农产品价格的波动问题 [J]. 中国物价（1）：29-33.

科斯・诺思・威廉姆森，等．2000. 制度、契约与组织 [M]. 刘刚，冯健，译．北京：经济科学出版社．

李秉龙，何秋红．2007. 中国猪肉价格短期波动及其原因分析 [J]. 农业经济问题（10）：18-21.

李国祥．2011. 加快推进鲜活农产品现代流通体系建设刻不容缓 [J]. 农村工作通讯（11）：12-14.

李继凯，陈晓明．2011. 中国水果产业流通体系创新研究 [R]. 农村经济文稿：29-37.

李军，蔡小强．2007. 基于合作博弈的易腐性产品运输设施选择的费用分配 [J]. 中国管理科学（8）：51-58.

李军，蔡小强．2009. 易腐性产品运输设施选择博弈 [J]. 管理工程学报（2）：28-37.

李圣军，李素芳，孔祥智．2010. 农业产业链条价格传递机制的实证分析 [J]. 技术经济（1）：108-112.

李哲敏，许世卫，董晓霞，李干琼，刘宏，王玉庭．2010. 中国禽蛋产业链短期市场价格传导机制 [J]. 中国农业科学，43（23）：4951-4962.

厉伟，孙文华．2007. 土地垄断供给、纵向市场关系与房地产价格：兼论基于价值链分析的房地产市场竞争促进政策 [J]. 当代财经（6）：5-9.

梁洁玉，朱丹实，冯叙桥，吕佳煜，蔡茜彤，韩鹏祥．2013. 果蔬气调贮藏保鲜技术研究现状与展望 [J]. 食品安全质量检测学报，4（6）：1617-1625.

# 参 考 文 献


廖西元，王志刚，朱述斌，申红芳，胡慧英，王磊．2008. 基于农户视角的农业技术推广行为和推广绩效的实证分析［J］. 中国农村经济（7）：4-13.

林智元．1990. 论我国生猪生产波动［J］. 农业经济问题（5）：23-29.

刘国丰，欧阳仲志．2007. 冷藏运输市场现状及发展［J］. 制冷（6）：27-30.

刘家富，李秉龙，李孝忠．2010. 基于VAR模型的国产大豆和豆油市场价格传导研究［J］. 农业技术经济（8）：33-38.

刘静．2009. “农产品卖难”为何频现国内市场？［J］. 观察与思考（3）：25-29.

刘丽欣，励建荣．2008. 农产品冷链物流发展模式与政府行为概述［J］. 食品科学（9）：680-683.

刘伟，林树花，李高阳，单杨．2014. 国内外果蔬保鲜与贮藏标准的分析［J］. 湖南农业科学（14）：65-67.

刘洋，纪来成．2014. 我国果蔬采摘后贮藏技术研究进展［J］. 北京农业（33）：241-242.

吕勇斌．2009. 外资并购与中国农业产业安全：效应与政策［J］. 农业经济问题（11）：75-81.

倪洪兴，刘武兵．2011. 农业对外开放与农业产业安全［J］. 中国党政干部论坛（9）：43-47.

倪洪兴．2011. 统筹两个市场两种资源确保农业产业安全［J］. 中国农村经济（5）：57-60.

农业部农村经济研究中心课题组．2005. 我国农业技术推广体系调查与改革思路［J］. 农业经济问题（2）：46-54.

綦开军，毕克新．2005. 中小企业技术创新法律支持体系中外比较［J］. 科技与管理（2）：107-110.

屈小博，霍学喜．2007. 交易成本对农户农产品销售行为的影响：基于陕西省6个县27个村果农调查数据的分析［J］. 中国农村经济（8）：35-46.

申银万国研究所．2008. PPI影响CPI的内在机制分析［N］. 上海金融报，08-22.

万广华，周章跃，陈良彪．1997. 我国水稻市场整合程度研究［J］. 中国农村经济（8）：45-51.

王芳，陈俊安．2009. 中国养猪业价格波动的传导机制分析［J］. 中国农村经济（6）：31-41.

王凯．2013. 我国农产品冷链物流的发展问题研究：基于绿色供应链的农产品冷链物流效率的实证分析［D］. 武汉：华中农业大学．

王宁，司伟，王秀清．2008. 我国北方小麦收购市场与面粉零售市场的整合研究［J］. 农业经济问题（6）：33-37.

王强，段玉权，詹斌．2007. 加拿大农产品冷链物流的发展［J］. 物流技术与应用（6）：86-89.

王思舒，郑适，周松．2010. 我国猪肉价格传导机制的非对称性问题研究：以北京市为例

[J]. 经济纵横 (6): 84-87.

王太祥 . 2011. 果品销售中影响农户销售方式选择的因素分析 [J]. 农业考古 (3): 50-52.

王文辉，许步前 . 2007. 果品采后处理及贮运保鲜 [M]. 北京: 金盾出版社 .

王晓红，毕克新 . 2005. 中小企业技术创新财税支持体系中外比较 [J]. 科学学与科学技术管理 (10): 60-65.

王晓红，毕克新 . 2006. 中小企业技术创新支持体系研究综述[J]. 工业技术研究(3): 2-6.

王秀清，Weldegebriel，H T，Rayner，A J. 2007. 纵向关联市场间的价格传递 [J]. 经济学: 季刊 (4): 885-898.

王秀清，钱小平 . 2004. 1981—2000 年中国农产品价格上涨的波及效应 [J]. 中国农村经济 (2): 12-15.

王怡 . 2007. 中国苹果市场整合研究 [D]. 南京: 南京农业大学 .

文武汉 . 2012. 建立稳定食品价格长效机制势在必行 [J]. 中国物价 (1): 25-27.

武拉平 . 1999. 我国小麦、玉米和生猪收购市场整合程度研究 [J]. 中国农村观察 (4): 23-29.

项桂娥，陈阿兴 . 2005. 资产专用性与农业结构调整风险规避 [J]. 农业经济问题 (3): 49-52.

辛贤，谭向勇 . 2000. 农产品价格的放大效应研究 [J]. 中国农村观察 (1): 52-57.

徐小华，吴仁水 . 2010. 基于门限协整的猪粮价格关系研究 [J]. 农业技术经济 (3): 78-84.

徐雪高 . 2011. 农户粮食销售时机选择及其影响因素分析 [J]. 财贸研究 (1): 34-38.

杨朝英，徐学英 . 2011. 中国生猪与猪肉价格的非对称传递研究 [J]. 农业技术经济 (9): 58-64.

尹双明 . 2012. 近几年我国农产品价格波动的诱因分析 [J]. 中国物价 (1): 34-36.

于立宏，郁义鸿 . 2010. 纵向结构特性与电煤价格形成机制 [J]. 中国工业经济 (3): 65-75.

翟雪玲，韩一军 . 2008. 肉鸡产品价格形成、产业链成本构成及利润分配调查研究 [J]. 农业经济问题 (11): 20-25.

张健雄，辛嘉英，徐宁 . 2014. 国内外果蔬生物保鲜方法的研究现状与展望 [J]. 农产品加工 (11): 68-72.

张俊巧 . 2008. 日本生鲜农产品流通实施技术及其配套建设 [J]. 世界农业 (9): 63-65.

张利庠，张喜才 . 2011. 外部冲击对我国农产品价格波动的影响研究: 基于农业产业链视角 [J]. 管理世界 (1): 71-80.

张晓敏，姜长云 . 2010. 农村中小企业对科技服务体系的评价与需求 [J]. 中国科技论坛 (4): 119-125.

张秀芳，赵钰 . 2010. 生鲜蔬菜流通体制研究: 基于路径依赖理论的研究视角 [J]. 新疆农垦经济（3）：68-71.

章喜为 . 1998. 水果卖难引起的思考［J］. 农业技术经济（6）：53-54.

赵晓飞 . 2009. 基于关系承诺水平的农产品渠道模式选择分析［J］. 湖北大学学报：哲学社会科学版（4）：96-100.

周路 . 2015. 中国与加拿大两国农产品冷链物流的比较分析［J］. 对外经贸实务（1）：85-88.

周其仁 . 2011. 通货膨胀与农民［J］. 价格与市场（2）：17-18.

周姁，张建波 . 2008. 我国农产品价格上涨原因及农业政策分析［J］. 江西财经大学学报（4）：60-63.

周应恒，耿献辉 . 2006. 完善涉农价格政策，推进社会注意新农村建设［J］. 价格理论与实践（2）：8-10.

周应恒，卢凌霄，耿献辉 . 2007. 中国蔬菜产地变动与广域流通的展开［J］. 中国流通经济（5）：10-13.

周应恒，邹林刚 . 2007. 中国大豆期货市场与国际大豆期货市场价格关系研究：基于 VAR 模型的实证分析［J］. 农业技术经济（1）：55-62.

周应恒 . 2010. 日本如何稳定农产品价格［J］. 农村工作通讯（24）：34-36.

庄晋财，黄群峰 . 2009. 供应链视角下我国农产品流通体系建设的政策导向与实现模式［J］. 农业经济问题（6）：98-103.

Abdulai，A. 2000. Spatial Price Transmission and Asymmetry in the Ghanaian Maize Market［J］. *Journal of Development Economics*，63（2）：327-349.

Abdulai，A. 2002. Using Threshold Cointegration to Estimate Asymmetric Price Transmission in the Swiss Pork Market［J］. *Applied Economics*，34（6）：679-687.

Aguiar，D R D，Santana，J A. 2002. Asymmetry in Farm to Retail Price Transmission：Evidence from Brazil［J］. *Agribusiness*，18（1）：37-48.

Alderman，H. 1993. Intercommodity Price Transmittal：Analysis of Food Markets in Ghana［J］. *Oxford Bulletin of Economics and Statistics*，55：43 - 64.

Azzam，A，Pagoulatos，E. 1990. Testing Oligopolistic and Oligopsonistic Behavior：An Application to the US Meat Packing Industry［J］. *Journal of Agricultural Economics*，41（3）：362-370.

Azzam，A. 1999. Asymmetry and Rigidity in Farm-retail Price Transmission［J］. *American Journal of Agricultural Economics*，81：525-533.

Bailey，D，Brorsen，B W. 1989. Price Asymmetry in Spatial Fed Cattle Markets［J］. *Western Journal of Agricultural Economics*，14（2）：246-252.

Bakucs，L Z，Ferto，I. 2005. Marketing Margins and Price Transmission on the Hungarian Pork Meat Market［J］. *Agribusiness*，21（2）：273-286.

Balke, N S, Brown, S P A, Yucel, M K. 1998. Crude Oil and Gasoline Prices: an Asymmetric Relationship? [J]. *Federal Reserve Bank of Dallas, Economic Review*, 1 (Q1): 2-11.

Balke, N S, Fomby, T S. 1997. Threshold Cointegration [J]. *International Economic Review*, 38 (3): 627-645.

Ball, L, Mankiw, N G. 1994. Asymmetric Price Adjustment and Economic Fluctuations [J]. *The Economic Journal*, 104 (423): 247-261.

Barro, R J. 1992. A Theory of Monopolistic Price Adjustment [J]. *Review of Economic Studies*, 39 (39): 17-26.

Ben-Kaabia, M, Gil, J M, Boshnjaku, L. 2007. Asymmetric Price Transmission in the Spanish Lamb Sector [J]. *European Review of Agricultural Economics*, 34 (1): 53-80.

Bhuyan, S, Lopez, R. 1997. Oligopoly Power in the Food and Tobacco Industries [J]. *Journal of Agricultural Economics*, 79 (3): 1035-1043.

Blinder, A S. 1982. Inventories and Sticky Prices: More on the Micro Foundation of Macroeconomics [J]. *The American Economic Review*, 72 (3): 334-348.

Borenstein, S, Cameron, A C, Gilbert, R. 1997. Do Gasoline Prices Respond Asymmetrically to Crude Oil Price Changes? [J]. *Quarterly Journal of Economics*, 112 (1): 305-339.

Brown, S P A, Yucel, M K. 2000. Gasoline and Crude Oil Prices: Why the Asymmetry? [J]. *Federal Reserve Bank of Dallas, Economic and Financial Review*, (3): 23-29.

Buckle, R A, Carlson, J A. 2000. Inflation and Asymmetric Price Adjustment [J]. *Review of Economics and Statistics*, 82 (1): 157-160.

Carlton, D W. 1986. The Rigidity of Prices [J]. *The American Economic Review*, 76 (4): 637-658.

Chaug-Ing Hsu, Sheng-Feng Hung, Hui-Chieh Li. 2007. Vehicle Routing Problem with Time-windows for Perishable Food Delivery [J]. *Journal of Food Engineering*, 80 (2): 465-475.

Cowling, K, Waterson, M. 1976. Price Cost Margins and Market Structure [J]. *Economica*, 43 (171): 267-274.

Cutts, M, Kirsten, J. 2006. Asymmetric Price Transmission and Market Concentration: An Investigation into Four South African Agro-food Industries [J]. *South African Journal of Economics*, 74 (2): 323-333.

Damania, R, Yang, B Z. 1998. Price Rigidity and Asymmetric Price Adjustment in a Repeated Oligopoly [J]. *Journal of Institutional and Theoretical Economics*, 154 (4): 659-679.

Dutta, S, Bergen, M, Levy, D, Venable, R. 1999. Menu Costs, Posted Prices, and Multiproduct Retailers [J]. *Journal of Money, Credit, and Banking*, 31 (4): 683-703.

Enders, W, Granger, C W J. 1998. Unit-root Tests and Asymmetric Adjustment with an Example Using the Term Structure of Interest Rates [J]. *Journal of Business and Economic Statistics*, 16 (3): 304-311.

Enders, W, Siklos, P L. 2012. Cointegration and Threshold Adjustment [J]. *Social Science Electronic Publishing*, 19 (2): 166-176.

Frey, Giliola, Manera Matteo. 2007. Econometric Models of Asymmetric Price Transmission [J]. *Journal of Economic Surveys* (21): 349-415.

Frost, D, Bowden, R. 1999. An Asymmetry Generator for Error-Correction Mechanisms, with Application to Bank Mortgage-Rate Dynamics [J]. *Journal of Business and Economic Statistics*, 17 (2): 253-263.

Gardner, B. 1975. The Farm-Retail Price Spread in a Competitive Food Industry [J]. *American Journal of Agricultural Economics*, 57 (3): 399-409.

Girapunthong, N, VanSickle, J J, Renwick, A. 2003. Price Asymmetry in the United States Fresh Tomato Market [J]. *Journal of Food Distribution Research*, 34 (3): 51-59.

Goodwin, B K, Piggott, N E. 2001. Spatial Market Integration in the Presence of Threshold Effects [J]. *American Journal of Agricultural Economics*, 83 (2): 302-317.

Goodwin, B, Holt, M. 1999. Price Transmission and Asymmetric Adjustment in the U. S. Beef Sector [J]. *American Journal of Agricultural Economics*, 81 (3): 630-637.

Goyal, S K, Giri, B C. 2001. Recent Trends in Modeling of Deteriorating Inventory [J]. *European Journal of Operational Research*, 134 (1): 1-16.

Goyal, S K, Giri, B C. 2001. Recent Trends in Modeling of Deteriorating Inventory [J]. *European Journal of Operational Research*, 134 (1): 1-16.

Granger, C W J, Newbold, P. 1974. Spurious Regressions in Econometrics [J]. *Journal of Econometrics* (2): 111-120.

Hannan, T H, Berger, A N. 1991. The Rigidity of Prices: Evidence from the Banking Industry [J]. *The American Economic Review*, 81 (4): 938-945.

Hazell, P. 2007. Transformations in Agriculture and Their Implications for Rural Development [J]. *Electronic Journal of Agricultural and Development Economics*, 4 (1): 47-65.

Heien, D M. 1980. Markup Pricing in a Dynamic Model of the Food Industry [J]. *American Journal of Agricultural Economics*, 62 (1): 10-18.

Holloway, G. 1991. The Farm-retail Price Spread in an Imperfectly Competitive Food Industry [J]. *American Journal of Agricultural Economics*, 73 (4): 979-989.

Houck, P J. 1977. An Approach to Specifying and Estimating Nonreversible Functions [J]. *American Journal of Agricultural Economics*, 59 (3): 570-572.

Humphrey, J. 2005. Shaping Value Chains for Development: Global Value Chains [J].

*Review of International Political Economy* (12) .

Jackson, W E. 1997. Market Structure and the Speed of Price Adjustments: Evidence of Non-Monotonicity [J]. *Review of Industrial Organization*, 12 (1): 37-57.

Jochen Meyer, Stephan von Cramon-Taubadel. 2004. Asymmetric Price Transmission: A Survey [J]. *Journal of Agricultural Economics*, 55 (3): 581-611.

John R Brooker, David B Eastwood, Brian T Carver, Morgan D Gray. 1997. Fresh Vegetable Price Linkage between Grower/Shippers, Wholesalers, and Retailers [J]. *Journal of Food Distribution Research* (2): 54-61.

Kinnucan, H W, Forker, O D. 1987. Asymmetry in Farm-Retail Price Transmission for Major Dairy Products [J]. *American Journal of Agricultural Economics*, 69 (2): 285-292.

Kinnucan, H. 2003. Optimal Generic Advertising in an Imperfectly Competitive Food Industry with Variable Proportions [J]. *Agricultural Economics*, 29 (2): 143-158.

Kovenock, D, Widdows, K. 1998. Price Leadership and Asymmetric Price Rigidity [J]. *European Journal of Political Economy*, 14 (1): 167-187.

Kuwornu, J K M, Kuiper, W E, Pennings, J M E, Meulenberg, M T G. 2004. Agency Theory, Futures Markets and Risk Shifting in Commodity Marketing Channels [C]. Dynamics in Chains and Networks: Proceedings of the Sixth International Conference on Chain and Network Management in Agribusiness and the Food Industry, Ede (5): 510-517.

Kydd, J, et al. 2000. Globalization, Agricultural Liberalization and Market Access for the Rural Poor [M]. Wye College, Kent, UK.

Lamm, R M, Westcott, P C. 1981. The Effects of Changing Input Costs on Food Prices [J]. *American Journal of Agricultural Economics*, 63 (2): 187-196.

Levy, D, Bergen, M, Dutta, S, Venable, R. 1997. The Magnitude of Menu Costs: Direct Evidence from Large U. S. Supermarket Chains [J]. *Quarterly Journal of Economics*, 112 (3): 791-825.

Marija Bogataj, Ludvik Bogataj, Robert Vodopivec. 2005. Stability of Perishable Goods in Cold Logistic Chains [J]. *International Journal of Production Economics*, 93-94 (1): 345-356.

McCorriston, S, Morgan, C, Rayner, A. 2001. Price Transmission: the Interaction between Market Power and Returns to Scale [J]. *European Review of Agricultural Economics*, 28 (2): 143-159.

McCorriston, S, Morgan, C, Rayner, A. Processing Technology, Market Power and Price Transmission [J]. *Journal of Agricultural Economics*, 49 (2): 185-201.

McCorriston, S. 2002. Why should Imperfect Competition Matter to Agricultural Economists?

[J]. *European Review of Agricultural Economics*, 29 (3): 349-371.

Muth, R. 1964. The Derived Demand Curve for a Productive Factor and the Industry Supply Curve [J]. *Oxford Economic Papers*, 16 (2): 221-234.

Neumark, D, Sharpe, S A. 1992. Market Structure and the Nature of Price Rigidity: Evidence from the Market for Consumer Deposits [J]. *Quarterly Journal of Economics*, 107 (2): 657-680.

Peltzman, S. 2000. Prices Rise Faster than They Fall [J]. *Journal of Political Economy*, 108 (3): 466-502.

Reagan, P B, Weitzman, M L. 1982. Asymmetries in Price and Quantity Adjustments by the Competitive Firm [J]. *Journal of Economic Theory*, 27 (2): 410-420.

Renwick, A, VanSickle, J J. 1998. Issues Surrounding the Assessment of the Impact of Increased Retail Concentration on Marketing Margins [R]. Staff Paper, Food and Resource Economics Department, University of Florida.

Reziti, I, Panagopoulos, Y. 2008. Asymmetric Price Transmission in the Greek Agri-food Sector: Some Tests [J]. *Agribusiness*, 24 (1): 16-30.

Rogers, R, Sexton, R. 1994. Assessing the Importance of Oligopsony Power in Agricultural Markets [J]. *American Journal of Agricultural Economics*, 76 (5): 1143-1150.

Schertz Willett, L, Hansmire, M R, Bernand, J C. 1997. Asymmetric Price Response Behaviour of Red Delicious Apples [J]. *Agribusiness*, 13 (6): 649-658.

Scholnick, B. 1996. Asymmetric Adjustment of Commercial Bank Interest Rates: Evidence from Malaysia and Singapore [J]. *Journal of International Money and Finance*, 15 (3): 485-496.

Schroeder, T. 1988. Price Linkages between Wholesale and Retail Pork Cuts [J]. *Agribusiness*, 4 (4): 359-369.

Stephan von Cramon-taubadel, Fahlbusch, S. 1994. Identifying Asymmetric Price Transmission with Error Correction Models [M]. Poster Session EAAE European Seminar in Reading.

Stephan von Cramon-taubadel, Loy, J P. 1966. Price Asymmetry in the International Wheat Market: Comment [J]. *Canadian Journal of Agricultural Economics*, 44 (3): 311-317.

Stephan von Cramon-taubadel. 1998. Estimating Asymmetric Price Transmission with the Error Correction Representation: an Application to the German Pork Market [J]. *European Review of Agricultural Economics*, 25 (1): 1-18.

Tweeten, L G, Quance, C L. 1969. Positivistic Measures of Aggregate Supply Elasticities: Some New Approaches [J]. *American Economic Review*, 59 (2): 175-183.

Ward, R W. 1982. Asymmetry in Retail, Wholesale, and Shipping Point Pricing for Fresh

Vegetables [J]. *American Journal of Agricultural Economics*, 64 (2): 205-212.

Wee, H M. 1993. Economic Production lot size Model for Deteriorating Items with Partial Back- ordering [J]. *Computers and Industrial Engineering*, 24 (3): 449-458.

Weinhagen, J. 2005. Price Transmission within the PPI for Intermediate Goods [J]. *Monthly Labor Review*, 128 (5): 41-49.

Weldegebriel, H. 2004. Imperfect Price Transmission: Is market Power Really to Blame? [J]. *Journal of Agricultural Economics*, 55 (1): 101-114.

Willet, L S, Hansmire, M R, Bernard, J C. 1997. Asymmetric Price Response Behavior of Red Delicious Apples [J]. *Agribusiness*, 13 (6): 649-658.

Wolffram, R. 1971. Positivistic Measures of Aggregate Supply Elasticities: Some New Approaches-Some Critical Notes [J]. *American Economic Review*, 53 (2): 175-183.

Xu Xiaolin. 2006. Optimal Decisions in a Time-Sensitive Supply Chain with Perishable Products [D]. Hong Kong, The Chinese University of Hong Kong.

# 附　　录

## 附录一　农村企业对科技服务的评价和需求

近年来，农村中小企业产业结构升级和发展方式转变问题，日益引起理论界和决策层的重视。2008年国际金融危机的爆发，进一步显示出加快农村中小企业产业结构升级、发展方式转变的重要性与紧迫性。农村中小企业产业结构升级和发展方式转变滞后，很大程度上是因为面向农村中小企业的科技服务体系薄弱，农村中小企业的产业结构升级和发展方式转变缺乏有效的科技支撑。

据笔者2009年3—7月对山东滕州市、四川南部县、安徽凤阳县、广东佛山三水区的199家企业的调研数据显示，大多企业以劳动密集型、传统制造业、处于成长阶段为主。调查结果发现，这些农村企业对提高创新能力比较迫切，企业的创新愿望较强，但面临技术开发人员短缺、资金短缺、技术和产品开发成本高等严重障碍。

对于当前科技服务的总体现状，大多数农村企业的评价并不是很高。首先，他们认为尽管政府对农村中小企业科技创新的支持类型多样，但覆盖面有限。如在186个样本中，在提供技术研发资金方面，享受过政府支持的企业仅占38.2%；在申报上级科技项目方面，获得过政府支持的企业仅占32.8%。其次，相对于政府提供的科技服务而言，当前农村企业对市场提供的科技服务的评价更低，在所调查的192份问卷中，有36.0%的企业对政府提供的科技服务比较满意，仅有26.2%的企业对市场提供的科技服务比较满意。就企业类型而言，越是小型的企业，对现有的科技服务的评价越低。在我们所调查的企业中，对政府主导的科技服务表示满意的企业比例，在中型企业和小型企业中分别为39.4%和40.0%，在微型企业中仅为29.6%；对于市场主导的科技服务表示满意和很满意的企业比重合计数，在中型企业和小型企业中分别为29.9%和30.4%，而在微型企业中仅为19.5%。

根据调查企业的情况来看，农村企业对现有的科技服务均有强烈的需求。首先，农村企业对市场主导的科技服务需求强于对政府主导的科技服务需求，例如，在我们调查的样本中，对于政府主导的科技服务，有 43.9%的企业需求强烈或很强烈，对于市场主导的科技服务，有 50.7%的企业需求强烈或很强烈。可能的原因是，农村中小企业对科技服务的需求已经呈现日益多元化的趋势，政府主导的科技服务更适宜满足基础性、公共性的科技服务需求；市场主导的科技服务在满足多元化、个性化的科技服务方面，更具比较优势。其次，就农村企业类型而言，劳动密集型企业和资金密集型企业对科技服务的需求，往往并无明显差异，但技术密集型企业对科技服务的需求通常远远强于前两类企业。在我们调查的样本中，对政府主导的科技服务，技术密集型企业表示需求强烈或很强烈的比重为 65.8%，高出劳动密集型企业 26 个百分点，高出资金密集型企业 29.6 个百分点；对于市场主导的科技服务，技术密集型企业表示需求强烈或很强烈的比重为 71.1%，高出劳动密集型企业 24.3 个百分点，高出资金密集型企业 26.4 个百分点。对科技服务的需求，处于起步阶段的企业通常需求最强，处于成长阶段的企业需求较强，处于稳定运行阶段的企业需求最弱。处于起步阶段、成长阶段和稳定运行阶段的企业，对于政府主导的科技服务需求强烈或很强烈的比重分别为 51.7%、44.3%和 43.1%，对于市场主导的科技服务需求强烈或很强烈的比重分别为 72.4%、51.3%和 43.1%。形成上述现象的可能原因是，处于起步阶段的企业，往往一方面尚未形成稳定定位，另一方面更容易表现出积极向上的进取精神，更需要通过科技服务提高自身的素质和品位，但也容易处于被科技服务“遗忘的角落”。成长型企业存在类似现象。

因此，总体上来看，对于加强农村企业自主创新能力建设，应该进一步给予高度重视：通过加强培训、优化金融服务、加强信息服务和公共科技服务平台建设等措施，帮助农村中小企业缓解人才和资金短缺问题，降低技术和产品开发的成本；进一步加强政府对农村中小企业科技创新的支持。同时，必须在加强政府主导的科技服务体系建设的同时，将加强农村中小企业科技服务体系建设的重点，放到市场主导的科技服务体系建设上，以便更好地满足农村中小企业发展对科技服务的多元化需求。最后，在出台一些科技服务政策措施的时候，要注意针对不同类型企业的需求，突出重点和注意引导。

## 附录二　果蔬收购价格与零售价格的格兰杰因果关系检验结果

说明：

原假设 1 为收购价格不是零售价格的格兰杰原因；

原假设 2 为零售价格不是收购价格的格兰杰原因。

**苹果与梨果：**

| 苹果 | | | | 梨果 | | | |
|---|---|---|---|---|---|---|---|
| 原假设 | 滞后阶数 | F 统计量 | P 值 | 原假设 | 滞后期 | F 统计量 | P 值 |
| 原假设 1 | 1 | 1.959 0 | 0.165 1 | 原假设 1 | 1 | 0.269 8 | 0.061 6 |
| 原假设 2 | 1 | 2.832 6 | 0.095 9 | 原假设 2 | 1 | 116.607 0 | 0.000 0 |
| 原假设 1 | 2 | 3.717 8 | 0.028 3 | 原假设 1 | 2 | 9.421 7 | 0.002 2 |
| 原假设 2 | 2 | 13.332 1 | 0.000 0 | 原假设 2 | 2 | 32.999 0 | 0.000 0 |
| 原假设 1 | 3 | 2.514 6 | 0.064 0 | 原假设 1 | 3 | 15.226 0 | 0.000 1 |
| 原假设 2 | 3 | 7.738 8 | 0.000 1 | 原假设 2 | 3 | 11.585 2 | 0.000 0 |
| 原假设 1 | 4 | 2.418 4 | 0.055 3 | 原假设 1 | 4 | 0.176 6 | 0.674 4 |
| 原假设 2 | 4 | 5.431 8 | 0.000 6 | 原假设 2 | 4 | 6.846 7 | 0.000 0 |
| 原假设 1 | 5 | 1.788 2 | 0.125 3 | 原假设 1 | 5 | −0.148 0 | 0.072 5 |
| 原假设 2 | 5 | 3.687 66 | 0.004 8 | 原假设 2 | 5 | 4.588 0 | 0.000 4 |
| 原假设 1 | 6 | 1.542 2 | 0.176 6 | 原假设 1 | 6 | 3.173 2 | 0.075 4 |
| 原假设 2 | 6 | 3.019 9 | 0.010 8 | 原假设 2 | 6 | 5.559 9 | 0.000 0 |
| 原假设 1 | 7 | 1.950 9 | 0.074 3 | 原假设 1 | 7 | 0.799 1 | 0.371 7 |
| 原假设 2 | 7 | 2.793 6 | 0.012 7 | 原假设 2 | 7 | 5.029 3 | 0.000 0 |
| 原假设 1 | 8 | 1.716 3 | 0.110 6 | 原假设 1 | 8 | 0.625 9 | 0.429 2 |
| 原假设 2 | 8 | 3.688 3 | 0.001 2 | 原假设 2 | 8 | 4.486 6 | 0.000 0 |
| 原假设 1 | 9 | 1.411 1 | 0.202 2 | 原假设 1 | 9 | −0.171 5 | 0.074 3 |
| 原假设 2 | 9 | 3.263 9 | 0.002 5 | 原假设 2 | 9 | 6.809 7 | 0.000 0 |
| 原假设 1 | 10 | 1.225 7 | 0.293 2 | 原假设 1 | 10 | 0.103 8 | 0.747 4 |
| 原假设 2 | 10 | 2.811 7 | 0.006 2 | 原假设 2 | 10 | 6.810 4 | 0.000 0 |

**柑橘与香蕉：**

| 柑橘 | | | | 香蕉 | | | |
|---|---|---|---|---|---|---|---|
| 原假设 | 滞后阶数 | F 统计量 | P 值 | 原假设 | 滞后期 | F 统计量 | P 值 |
| 原假设 1 | 1 | 12.967 | 0.000 3 | 原假设 1 | 1 | 2.505 5 | 0.117 1 |
| 原假设 2 | 1 | 8.923 6 | 0.003 0 | 原假设 2 | 1 | 37.745 1 | 0.000 0 |
| 原假设 1 | 2 | 3.045 4 | 0.049 0 | 原假设 1 | 2 | 2.878 2 | 0.061 7 |
| 原假设 2 | 2 | 3.868 2 | 0.021 9 | 原假设 2 | 2 | 2.878 2 | 0.061 6 |
| 原假设 1 | 3 | 0.826 3 | 0.480 2 | 原假设 1 | 3 | 0.594 2 | 0.443 0 |
| 原假设 2 | 3 | 2.141 6 | 0.095 0 | 原假设 2 | 3 | 3.036 7 | 0.033 6 |
| 原假设 1 | 4 | 0.527 6 | 0.715 5 | 原假设 1 | 4 | 0.482 3 | 0.482 3 |
| 原假设 2 | 4 | 4.599 8 | 0.001 2 | 原假设 2 | 4 | 2.718 1 | 0.035 3 |
| 原假设 1 | 5 | 0.493 6 | 0.780 9 | 原假设 1 | 5 | 0.489 7 | 0.486 2 |
| 原假设 2 | 5 | 3.609 0 | 0.003 5 | 原假设 2 | 5 | 2.299 4 | 0.052 9 |
| 原假设 1 | 6 | 0.697 7 | 0.651 6 | 原假设 1 | 6 | 0.115 7 | 0.734 6 |
| 原假设 2 | 6 | 4.187 2 | 0.000 4 | 原假设 2 | 6 | 2.034 8 | 0.071 5 |
| 原假设 1 | 7 | 0.750 8 | 0.629 0 | 原假设 1 | 7 | 0.712 4 | 0.401 5 |
| 原假设 2 | 7 | 3.604 1 | 0.000 9 | 原假设 2 | 7 | 1.860 0 | 0.089 1 |
| 原假设 1 | 8 | 0.606 2 | 0.772 4 | 原假设 1 | 8 | 1.555 8 | 0.154 7 |
| 原假设 2 | 8 | 3.129 7 | 0.002 0 | 原假设 2 | 8 | 8.344 2 | 0.000 0 |
| 原假设 1 | 9 | 0.598 4 | 0.798 0 | 原假设 1 | 9 | 1.511 1 | 0.162 8 |
| 原假设 2 | 9 | 2.888 7 | 0.002 7 | 原假设 2 | 9 | 6.845 4 | 0.000 0 |
| 原假设 1 | 10 | 0.618 9 | 0.797 3 | 原假设 1 | 10 | 1.426 7 | 0.189 9 |
| 原假设 2 | 10 | 2.791 6 | 0.002 6 | 原假设 2 | 10 | 6.319 1 | 0.000 0 |

**土豆与生姜：**

| 土豆 | | | | 生姜 | | | |
|---|---|---|---|---|---|---|---|
| 原假设 | 滞后阶数 | F 统计量 | P 值 | 原假设 | 滞后期 | F 统计量 | P 值 |
| 原假设 1 | 1 | 3.747 3 | 0.056 1 | 原假设 1 | 1 | 13.728 7 | 0.000 2 |
| 原假设 2 | 1 | 47.339 7 | 0.000 0 | 原假设 2 | 1 | 157.149 0 | 0.000 0 |
| 原假设 1 | 2 | 2.176 1 | 0.119 7 | 原假设 1 | 2 | 0.048 7 | 0.825 4 |
| 原假设 2 | 2 | 16.873 5 | 0.000 0 | 原假设 2 | 2 | 60.075 5 | 0.000 0 |
| 原假设 1 | 3 | 3.154 9 | 0.029 1 | 原假设 1 | 3 | 3.251 4 | 0.072 1 |
| 原假设 2 | 3 | 15.133 4 | 0.000 0 | 原假设 2 | 3 | 41.412 1 | 0.000 0 |
| 原假设 1 | 4 | 2.831 9 | 0.029 9 | 原假设 1 | 4 | 1.433 5 | 0.231 9 |
| 原假设 2 | 4 | 10.530 6 | 0.000 0 | 原假设 2 | 4 | 29.275 1 | 0.000 0 |
| 原假设 1 | 5 | 2.522 4 | 0.036 2 | 原假设 1 | 5 | 2.211 6 | 0.137 7 |
| 原假设 2 | 5 | 8.227 4 | 0.000 0 | 原假设 2 | 5 | 22.971 5 | 0.000 0 |
| 原假设 1 | 6 | 2.187 2 | 0.053 7 | 原假设 1 | 6 | 5.103 3 | 0.024 4 |
| 原假设 2 | 6 | 7.011 1 | 0.000 0 | 原假设 2 | 6 | 19.302 1 | 0.000 0 |
| 原假设 1 | 7 | 2.049 4 | 0.060 7 | 原假设 1 | 7 | 3.577 9 | 0.059 2 |
| 原假设 2 | 7 | 7.997 9 | 0.000 0 | 原假设 2 | 7 | 16.849 3 | 0.000 0 |
| 原假设 1 | 8 | 2.018 9 | 0.057 2 | 原假设 1 | 8 | 2.148 10 | 0.143 5 |
| 原假设 2 | 8 | 9.000 9 | 0.000 0 | 原假设 2 | 8 | 15.142 3 | 0.000 0 |
| 原假设 1 | 9 | 1.856 0 | 0.075 0 | 原假设 1 | 9 | 0.709 9 | 0.399 9 |
| 原假设 2 | 9 | 8.999 8 | 0.000 0 | 原假设 2 | 9 | 14.085 7 | 0.000 0 |
| 原假设 1 | 10 | 1.709 6 | 0.098 9 | 原假设 1 | 10 | 4.949 9 | 0.026 6 |
| 原假设 2 | 10 | 7.568 2 | 0.000 0 | 原假设 2 | 10 | 13.317 4 | 0.000 0 |

## 大白菜与西红柿：

| 大白菜 | | | | 西红柿 | | | |
|---|---|---|---|---|---|---|---|
| 原假设 | 滞后阶数 | $F$ 统计量 | $P$ 值 | 原假设 | 滞后期 | $F$ 统计量 | $P$ 值 |
| 原假设 1 | 1 | 7.895 4 | 0.006 1 | 原假设 1 | 1 | 4.085 0 | 0.046 2 |
| 原假设 2 | 1 | 41.293 0 | 0.000 0 | 原假设 2 | 1 | 25.318 7 | 0.000 0 |
| 原假设 1 | 2 | 2.647 5 | 0.076 6 | 原假设 1 | 2 | 0.070 5 | 0.931 9 |
| 原假设 2 | 2 | 18.983 9 | 0.000 0 | 原假设 2 | 2 | 20.452 1 | 0.000 0 |
| 原假设 1 | 3 | 1.866 3 | 0.141 7 | 原假设 1 | 3 | 1.521 7 | 0.214 9 |
| 原假设 2 | 3 | 12.442 8 | 0.000 0 | 原假设 2 | 3 | 15.130 8 | 0.000 0 |
| 原假设 1 | 4 | 1.750 1 | 0.147 3 | 原假设 1 | 4 | 1.400 9 | 0.241 2 |
| 原假设 2 | 4 | 8.397 4 | 0.000 0 | 原假设 2 | 4 | 10.415 6 | 0.000 0 |
| 原假设 1 | 5 | 2.072 4 | 0.078 0 | 原假设 1 | 5 | 1.390 04 | 0.237 3 |
| 原假设 2 | 5 | 6.631 2 | 0.000 0 | 原假设 2 | 5 | 9.007 8 | 0.000 0 |
| 原假设 1 | 6 | 1.425 5 | 0.216 5 | 原假设 1 | 6 | 1.157 9 | 0.338 0 |
| 原假设 2 | 6 | 6.914 1 | 0.000 0 | 原假设 2 | 6 | 7.216 5 | 0.000 0 |
| 原假设 1 | 7 | 1.184 9 | 0.322 7 | 原假设 1 | 7 | 1.216 4 | 0.305 2 |
| 原假设 2 | 7 | 5.796 9 | 0.000 0 | 原假设 2 | 7 | 6.284 3 | 0.000 0 |
| 原假设 1 | 8 | 1.808 4 | 0.090 8 | 原假设 1 | 8 | 1.123 2 | 0.359 0 |
| 原假设 2 | 8 | 5.300 4 | 0.000 0 | 原假设 2 | 8 | 5.257 8 | 0.000 0 |
| 原假设 1 | 9 | 1.677 8 | 0.112 8 | 原假设 1 | 9 | 0.798 1 | 0.619 2 |
| 原假设 2 | 9 | 4.599 5 | 0.000 1 | 原假设 2 | 9 | 4.418 7 | 0.000 1 |
| 原假设 1 | 10 | 1.468 2 | 0.173 4 | 原假设 1 | 10 | 0.694 9 | 0.725 2 |
| 原假设 2 | 10 | 3.842 0 | 0.000 4 | 原假设 2 | 10 | 3.746 8 | 0.000 5 |

**黄瓜与菠菜：**

| 黄瓜 | | | | 菠菜 | | | |
|---|---|---|---|---|---|---|---|
| 原假设 | 滞后阶数 | $F$ 统计量 | $P$ 值 | 原假设 | 滞后期 | $F$ 统计量 | $P$ 值 |
| 原假设 1 | 1 | 3.911 8 | 0.048 8 | 原假设 1 | 1 | 0.959 8 | 0.328 8 |
| 原假设 2 | 1 | 52.543 8 | 0.000 0 | 原假设 2 | 1 | 13.939 9 | 0.000 2 |
| 原假设 1 | 2 | 1.126 6 | 0.289 3 | 原假设 1 | 2 | 0.808 5 | 0.370 0 |
| 原假设 2 | 2 | 14.486 3 | 0.000 0 | 原假设 2 | 2 | 4.953 4 | 0.008 0 |
| 原假设 1 | 3 | 0.083 6 | 0.772 6 | 原假设 1 | 3 | 2.553 4 | 0.112 1 |
| 原假设 2 | 3 | 9.338 5 | 0.000 0 | 原假设 2 | 3 | 4.520 2 | 0.004 4 |
| 原假设 1 | 4 | 15.206 5 | 0.000 1 | 原假设 1 | 4 | 1.219 6 | 0.271 2 |
| 原假设 2 | 4 | 6.717 0 | 0.000 0 | 原假设 2 | 4 | 4.237 8 | 0.002 6 |
| 原假设 1 | 5 | 5.253 8 | 0.022 6 | 原假设 1 | 5 | 1.668 4 | 0.198 4 |
| 原假设 2 | 5 | 5.526 5 | 0.000 0 | 原假设 2 | 5 | 3.504 8 | 0.004 8 |
| 原假设 1 | 6 | 24.893 3 | 0.000 0 | 原假设 1 | 6 | 0.000 5 | 0.982 1 |
| 原假设 2 | 6 | 5.377 5 | 0.000 0 | 原假设 2 | 6 | 2.720 0 | 0.015 1 |
| 原假设 1 | 7 | 0.047 2 | 0.828 1 | 原假设 1 | 7 | 6.106 8 | 0.014 6 |
| 原假设 2 | 7 | 5.148 86 | 0.000 00 | 原假设 2 | 7 | 2.613 5 | 0.013 8 |
| 原假设 1 | 8 | 0.682 5 | 0.409 3 | 原假设 1 | 8 | 15.218 5 | 0.000 1 |
| 原假设 2 | 8 | 5.307 9 | 0.000 0 | 原假设 2 | 8 | 2.668 6 | 0.008 8 |
| 原假设 1 | 9 | 0.238 2 | 0.625 8 | 原假设 1 | 9 | 15.218 5 | 0.000 1 |
| 原假设 2 | 9 | 4.872 7 | 0.000 0 | 原假设 2 | 9 | 2.287 8 | 0.019 4 |
| 原假设 1 | 10 | 1.758 9 | 0.185 7 | 原假设 1 | 10 | 0.693 1 | 0.406 4 |
| 原假设 2 | 10 | 4.567 4 | 0.000 0 | 原假设 2 | 10 | 2.961 1 | 0.001 9 |

# 附录三　梨农调查问卷

户主姓名：____________________
户主电话号码：____________________
地区名及村名：____________________
调查时间：____________________

**A. 农户特征**

1. 请列出所有家庭成员（从户主开始）

| | 与户主关系（代码） | 性别 ①男 ②女 | 年龄（岁） | 教育（年） | 最近一年从事农业生产吗？①是 ②否 | 最近一年有无从事非农就业工作？①是 ②否 |
|---|---|---|---|---|---|---|
| 01 | ① | | | | | |
| 02 | | | | | | |
| 03 | | | | | | |
| 04 | | | | | | |
| 05 | | | | | | |
| 06 | | | | | | |
| 07 | | | | | | |
| 08 | | | | | | |
| 09 | | | | | | |

与户主关系代码：①＝户主　②＝配偶　③＝儿女　④＝孙子（女）　⑤＝父母　⑥＝兄弟姐妹　⑦＝女婿（儿媳）　⑧＝岳父母（公婆）　⑨＝其他亲戚________

2. 户主是农民专业合作组织或者其他农业合作组织成员吗？________
①是　②否

**B. 土地和种植特征**

1. 你有耕种多少土地？（非闲置）

| 类型 | | a. 拥有（亩） | b. 租种（亩） |
|---|---|---|---|
| 总耕地面积 | ①过去 1 年里 | | |
| | ②5 年前 | | |
| 梨园面积 | ①过去 1 年里 | | |
| | ②5 年前 | | |

2. 梨园特征

| 1. 距离家的距离<br>（米） | 2. 有灌溉系统和设备吗？<br>①有<br>②没有 | 3. 灌溉形式：<br>①下雨　②池塘<br>③井水　④水泵<br>⑤河水　⑥其他 | 4. 距离最近柏油路或水泥路的距离？<br>（米） | 5. 你认为从果园到销地路况如何？<br>①好　②中<br>③差 | 6. 到最近收购站的距离？<br>（米） | 7. 你家到村长家距离？<br>（米） |
|---|---|---|---|---|---|---|
| | | | | | | |

3. 你种梨有多少年了？________年

4. 梨园里最大梨树有多少树龄？________年

5. 你从哪里获取梨种植的信息？________

①村长　②种梨的亲朋好友　③贸易商　④加工企业

⑤零售商　⑥合作组织　⑦其他________

6. 过去 5 年内有无银行贷款？________

①有　②无

**C. 生产和投入**

| 梨园面积<br>（亩） | 1. 梨果收获数量<br>（千克） | 2. 单价<br>（元/千克） | 3. 化肥<br>（元） | 4. 农药费<br>（元） | 5. 灌溉费用<br>（元） | 6. 有机肥<br>（元） | 7. 套袋费用<br>（元） | 8. 劳务费用 | | 9. 膨大剂<br>（元） | 10. 其他成本<br>（元） |
|---|---|---|---|---|---|---|---|---|---|---|---|
| | | | | | | | | 家庭劳动<br>（天×人） | 雇工<br>（元） | | |
| | | | | | | | | | | | |

**D. 贮藏与科技推广**

1. 你家有冷藏库吗？________

①有　②无

如果有，贮藏能力有多大？________千克；如果有，冷库投资有多大？________元

2. 梨园距离最近冷藏库的距离是多少？________公里

3. 你是从哪里获得科技推广服务的？________

①超市　②冷库　③其他私营部门

④国有科技推广机构　⑤合作组织或其他

## E. 梨农的销售渠道

1. 你参加了“农超对接”工程吗？________

①是的　②没有

2. 如果是，是哪家超市？代码________

①家乐福　②沃尔玛　③乐购　④华润

⑤华联或联华　⑥物美　⑦其他________

3. 你为什么要选择参加“农超对接”？代码________

①出价高　②收购量大　③接受小量散货　④有优惠条件

⑤付款及时　⑥距离近　⑦没有其他选择

4. 列出你家梨在2010年的所有销售渠道：

| 序号 | 01 | 02 | 03 | 04 | 05 | 06 | 07 | 08 | 09 |
|---|---|---|---|---|---|---|---|---|---|
| | 买家（代码） | 选择此买家的主要原因（代码） | 所售数量（千克） | 单价（元/千克） | 销售地点（代码） | 从家到销售地的时间（小时） | 交通方式（代码） | 付款方式（代码） | 如欠款，拖欠天数（天） |
| 1 | | | | | | | | | |
| 2 | | | | | | | | | |
| 3 | | | | | | | | | |
| 4 | | | | | | | | | |
| 5 | | | | | | | | | |
| 6 | | | | | | | | | |

买家代码（问题01）：①村里商贩　②批发商　③冷库拥有者　④冷库经纪人　⑤企业收购商　⑥非政府组织　⑦加工企业　⑧合作组织　⑨农民合作组织　⑩零售商　⑪消费者　⑫饭店　⑬其他________

买家原因代码（问题02）：①出价高　②收购量大　③接受小量散货　④有优惠条件

⑤付款及时　⑥距离近　⑦没有其他选择

销售地点代码（问题05）：①果园或者村里　②县批发市场　③省城批发市场　④其他批发市场　⑤当地农贸市场　⑥冷库　⑦零售商收购站　⑧其他________

交通方式代码（问题07）：①三轮车　②手推车　③拖拉机　④轻卡　⑤轿车　⑥自行车　⑦摩托车　⑧马（驴）车　⑨其他________

付款方式代码（问题08）：①现金　②实物（农资）　③部分实物部分现金　④支票　⑤其他________

**F. 过去一年的农业和非农业收入**

1. 在过去一年里你家总毛收入有多少？________元

2. 在过去一年里来自于梨园的毛收入有多少？________元

3. 在过去一年里你的非农业毛收入有多少？________元

**G. 财产**

1. 你家有超过5 000元的农机吗？________

①有　②无

如果有，有几件？________

2. 你家有电脑吗？________

①有　②无

3. 与村里其他人家相比，你感觉你家：________

①＝村里最富　②＝非常富裕　③＝比较富裕　④＝平均水平

⑤＝较穷　⑥＝非常穷　⑦＝村里最穷

**H. 梨农的价格调整行为**

1.（1）你家的梨去年同期的销售价格：好梨________（元/斤）；残次梨________（元/斤）。

（2）你家的梨今年现时的销售价格：好梨________（元/斤）；残次梨________（元/斤）。

（3）第一次采摘距现在多长时间？________（天）

2.（1）近一周内实际售出梨的数量占所经营梨总量的：________

①0%～5%　②5%～20%　③21%～50%

④51%～70%　⑤71%～100%

（2）您预期未来10天后的出售价格是否会高于现在的市场价

格？________

①是　②否

3. 你家的梨一般如何储藏？________

①常温保存　②土窖储藏　③冷藏　④节能储藏　⑤气调储藏

4. (1) 你家梨的主要出售对象是谁？

①农户自己零售　②中间经纪人（或二道贩子）　③超市

④合作社　⑤其他，请描述________________

(2) 买主是否同意你的提价要求？________

①是　②否

(3) 买主是否能对质量提出异议？________

①是　②否

5. (1) 您出售梨时选择的运输工具是：________

①人工担挑　②拖拉机或农用机器　③专业防止破损的机器

④其他，请描述________________

(2) 距离最近的出售梨果的所经主要道路是：________

①柏油路或水泥路　②土路　③山路

④其他，请描述________________

6. 你出售梨果的地点距离果园有多远？________

①1 公里以内　②1～10 公里　③10～20 公里　④大于 20 公里

7. 您的梨果的包装程度：是否有内包装________（是或否)？是否有外包装________（是或否)？在外包装和内包装之间是否有填充物________（是或否)？

8. 您与邻居（或者同村里的其他农户)，出售的梨果价格是否大致一样？________

①价格完全一样　②价格略有差异

③价格差异较大　④其他，请描述________________

9. 您是否了解当期梨果在超市中的销售价格？________

①了解　②不了解

10. (1) 近一周内是否有影响近期梨果价格或销量的突发事件？________

①是　②否

(2) 如果选①，请接着回答：突发事件是哪些？________

①梨果减产　②梨果食品安全事件

③外国梨果的大量进口　④其他，请描述________________

# 后记一

本书是在导师姜长云研究员、周应恒教授的悉心指导下完成的。五年的学习和研究工作得到了导师多方面的指导、关怀和帮助。从全书的选题立意，到资料搜集、观点确立和最后定稿，无不凝聚着导师的智慧和心血。是导师把我领进了农业经济领域的研究之门，又以其严谨的治学态度、渊博的学识、宽宏的学者风范和诲人不倦的精神令我受益终生。在此，谨向他们表示由衷的感谢和深深的敬意！

在全书写作和整个学业过程中，南京农业大学经济管理学院的钟甫宁教授、朱晶教授、林光华副教授、何军副教授、胡浩教授、苏群教授、董晓林教授、周宏教授、陈东平教授、苗齐副教授、常向阳教授、纪月清老师等众多的老师给予了我热情的帮助和指导，他们在我的开题、预答辩和答辩中都对书稿的修改和完善提出了非常宝贵的意见，对我发现自己的不足和进一步研究的方向具有重要的指导意义。同时，在书稿写作和会议交流中，还得到以下几位老师带给我的思路启示，他们是北京大学国家发展研究院的周其仁教授，上海交通大学安泰经济与管理学院的于冷教授和史清华教授，在此一并表示深深的感谢。

本书的写作和资料的搜集过程中还得到了农业部农业贸易促进中心徐锐钊博士的帮助，他是我的同门师兄，非常感谢他对本书的数据支持；也感谢同门师兄耿献辉老师对问卷与数据的支持；感谢赵文博士的无私帮助和支持；感谢胡冰川博士的大力支持。另外，特别感谢陶善信、严斌剑、王二朋、胡越、郭利京几位博士，在与他们的讨论中，使得我的研究思路不断清晰，研究目标不断明确。同时，还要感谢其他同门的支持和帮助，他们是卢凌霄、吕超、王太祥、刘俊杰、宋玉兰、姚升、随学超、李显戈、陈晓磊、孟冲、游嘉、吴丽芬、马仁磊、姚倩茹、别蒙、李塘、张晓恒、尚永兴，能在师门中得到你们无私的帮助，我的内心充满感激！

感谢我的博士同窗潘丹、张姝、向晶、刘明轩、虞祎、唐力、张昆、周晓琴、周桢、代云云、闵继胜、李佳佳、胡雪枝、李寅秋、王海涛、王海员、吴婷婷、周振、王舒娟等，难以忘记一起为学术拼搏的日子。尤其要感谢在我书稿写作最痛苦、最难熬的日子中给予我不断鼓励和支持的同学，也许只是你的只言片语和一个默默支持的眼神，就使我充满力量，变得更加乐观，坚持完成了写作。还有那些帮助过我但无法一一提及的师生同学，在这里一并表示深深感谢！最后，要深深感谢家人无私的支持——爸爸妈妈的奉献，弟弟妹妹的关怀，都是我生命前进的动力。还要感谢我的未婚夫李健先生，我们一起走进了大学象牙塔里的美丽风景，又一起走到了博士毕业，感谢你对我的包容、心灵的鼓舞、生活上的扶持和共同进步！

感谢所有的人，那些帮助过我的朋友、家人和老师。

张晓敏

2012年6月10日于南京

# 后记二

还记得2010年年初到2011年春天，在前期国内高通货膨胀背景下，以及一系列因素的综合作用下，国内部分农产品价格“上蹿下跳”，经历了暴涨暴跌的过程。当时媒体、学者、农民、企业等社会各界人士都对农产品价格的剧烈波动给予了关注。价格剧烈波动的机制是什么，是谁在主导这个市场，谁是受益者，政府如何调控才能保证价格的稳定？一系列的发问让我对农产品价格领域的研究产生了兴趣。我的两位导师也很赞同我在这方面能进行深入研究。

然而，前脚才踏入科学研究的殿堂，我就“迷路”了。科学的问题是什么？价格领域的文章很丰富，我看花了眼，刚刚以为自己找到了“葵花宝典”和“武功秘籍”，却被周老师和姜老师一次次否定了，我感觉自己找到的题目方向像是“歪门邪道”，永远被排斥在主流的边缘。每一次师门会汇报完想法之后，都巴不得会有个地洞裂开让我迅速地钻进去，好能够逃离找不到科学问题所带来的挫败感和幼稚感。当然同时期不是每一个同窗都会面对我这样的状况，有的也是刚刚进入一个全新或者自己没有兴趣的领域，痛苦更甚，有的因为前期积累多很容易就找到了自己的研究方向，这会轻松许多。每一种痛苦的情绪如果不能被战胜，便会被它打倒。在看了众多经典文献和一次次的讨论请教后，我所要研究的内容渐渐清晰起来，在正式开题中，周老师终于给予了一些肯定的意见。虽然开题在小组中取得了最高的成绩，但是心情始终不能放松，因为综合老师们的建议，论文的设计还是有一些理论上的不完美，需要在实际写作的过程中，更进一步去完善。

在最初的研究中，我聚焦的现象是研究价格传导的放大效应和缩减效应是由何导致的。此前国内在研究纵向关联市场间价格传导的实证研究中，还存在三方面的理论完善空间：已有研究尚未考虑不同类型的产品因为其具有易腐性的特征，其价格传导特征不相同；没有考虑加工流通环节中不同企业的反应和调整时间会不同，库存状况也不同，即不同企业会面临不同的调整成本；实证市场力量的影响时，只考虑了供给方的市场力量，没有将买方力量同时考虑进来。在写作时发现，也正如开题时老师们给出的意见，企业的调整成本很难度量，买方的市场力量如何能够得到实证检验也存在难度，这两方面内容虽很有趣却也宏大复杂，可能在一篇博士论文中完成有一定难度。后来，我进一步缩小和聚焦了研究范围，将研究内容聚焦在产品特性方面，即考虑产品的易腐性会导致非对称价格传递。这既有宏观数据的支持，也有微观农户的调研数据，从不同品种和不同季节的比较，再接着到农户的微观决策，观察易腐性是如何作用于非对称价格传递的。缩小范围后，该研究完成得相对顺利和得心应手。当然，今天再回过头来看，企业的调整成本和消费者力量在影响非对称价格传递方面，是非常有意义的研究，遗憾的是，因为数据获取的困难性，使得这方面的研究当时并没有继续开展下去。

距离博士论文完成眨眼已过去了数年之久。几年来，农产品价格市场又发生了巨大的变化，对这方面的理论研究也更加丰富起来。让人不得不感叹发展时光流逝之迅速，社会变迁程度之剧烈。但另一方面，我在几年前从不同产品的易腐性不同角度出发，进而影响到农产品非对称价格传递的判断，今天看来也仍然没有改变。因此，此番对博士论文的修订没有做大的结构上的调整，只在之前的研究基础上，增加了一章内容，即我国贮藏保鲜产业的发展现状和存在的问题，这对判断我国当期贮藏保鲜产业的发展阶段进而采取相应的政策措施很具参考价值，此外还进行了文字的修补和局部内容的充实。所以，笔者又认真写作了这部分内容，也总算可以将整篇论文变得更加完整了。如今最后的完稿之际，我也长长地舒了一口气，想起学生时代的岁月虽然有磨难，可是这磨难却是珍贵的人生礼物，而更多的时光其实是甜美、温暖和充满向往的。完成了这部书稿后，仿佛这才是真正地和 21 年的学生时代告了别。

在2012年7月毕业之后，我进入到北京市发展和改革委员会经济与社会发展研究所开始研究工作。北京市发展和改革委员会的主要职能是组织实施国民经济和社会发展战略规划，把握当前经济形势和发展情况，进行宏观经济的预测和调控，研究经济体制改革、决策重大项目投资等。北京市经济与社会发展研究所的定位是为市发展和改革委员会服务，基于此，研究所的方向都是北京市当前最为紧迫、最需要解决的关键问题，例如参与五年规划、参与重大问题的决策咨询等，这需要在工作中具备对复杂性、综合性问题的洞察能力和分析能力，需要对突发性经济事件做出快速反应和判断，这对我是一个新的挑战。

2014年2月26日，习近平总书记视察北京时发表了重要讲话。这后来对北京市城市发展格局变化带来了转折性的影响，也为京津冀协同发展奠定了重要基础。非常有意思的是，同年5月份，我针对北京市的情况写了一篇上报北京市发展和改革委员会的研究报告《多点打造城市副中心》，恰好被所领导读到并将我从研究所借调到北京市发展和改革委员会规划处工作，参与京津冀协同发展的相关工作。7月份又被借调到国家发展和改革委员会地区司工作，参与京津冀协同发展规划纲要编制、京津冀重大问题研究、上报给副总理关于重大问题的研究报告、京津冀领导小组第3～5次会议的会议材料起草等工作。从2014年7月至2015年8月底在国家发展和改革委员会工作期间，参与京津冀协同发展的相关工作让我的研究视野变得更加宽广，看待问题更多能由点及面，能够抓到主要矛盾，也更多地开始体会到现实研究的重要性，开始思考学院派研究和政策研究的关联、区别和各自的优劣势。最后，我的思考是一个优秀的研究人员，必须首先具备学院派严谨、训练有素的思考能力和逻辑推理能力，同时又需要能紧紧把握当前形势，洞穿未来趋势，提出可操作性的政策建议，做好现实政策研究。

这一书稿的主体部分是我在南京农业大学完成的，5年的读书时光在这里度过，生活中有很多美好难忘的回忆。但更为重要的是，南京农业大学严谨规范的学术训练塑造了我的思维，是很多其他地方不能给予的，南京农业大学的学生普遍具有朴实、谦虚、低调、奋进的风格，这些是我在母校得到的最大收获。如果没有这些规范的学术训练，目前工作于政策学的研究机构中，我无法想象在研究现实经济问题时将会遇到什么样的迷茫。

所以，感恩我的母校，感恩经济管理学院的老师们，感恩我的两位导师，因为有过这样的训练，我反而感觉多了一份胸有成竹的信心。

社会科学的研究需要自身通过不断地阅读经典文献、学习最新研究报告等进行积累，需要社会科学研究工作者之间开放的交流讨论进而产生思想的碰撞，更需要研究平台对科研工作者的大力支持和鼓励。本书能够顺利出版，要感谢我的工作单位北京市经济与社会发展研究所及所在部门投资研究部的资助和支持。四位所领导王景山、王广宏、刘秀如、刘芳华不仅在工作上是我的引路者和指明灯，在生活上也像长辈般给予了我温暖的关怀。尤其是分管投资部门的刘秀如副所长，自我进入研究所以来，我所参与的许多研究课题，从研究框架、研究内容到语言风格，她都仔细把关、修改、汇集部门成员集体交流讨论，让我受益良多；此外，她非常温和亲切，在交流讨论时她的观点虽不会那么直接和犀利，却让我能够顿觉自己的不足，她能够发掘每一个研究人员身上的优点并且鼓励大家保持。部门领导于萌部长在研究过程中也给予了我很多启发和帮助，副部长雷来国，以及我的其他同事林文涛、滕秋洁、郭颋、贾硕、马晓春等，在研究过程中也给了我很多帮助和关怀。办公室的同事们，以及规划研究部、社会研究部、改革研究部和经济研究部的其他同事也在平时工作中为我提供了大量研究信息，大家总是积极地沟通，相互帮助和照顾，研究氛围其乐融融，在此一并表示感谢。

借此机会特别感谢中国农业出版社，感谢赵刚社长的大力支持和编辑孙鸣凤的倾力奉献，在春天万物复苏的季节，此书的出版让我倍感欣慰，也让我对新阶段富有挑战的工作充满期待和坦然之情！

张晓敏

2016年3月于北京市经济与社会发展研究所

**图书在版编目（CIP）数据**

基于易腐性视角的我国农产品非对称价格传递研究：以果蔬为例/张晓敏著．—北京：中国农业出版社，2016.6

ISBN 978-7-109-21586-3

Ⅰ.①基… Ⅱ.①张… Ⅲ.①水果－物价波动－研究－中国②蔬菜－物价波动－研究－中国 Ⅳ.①F724.723

中国版本图书馆 CIP 数据核字（2016）第 078185 号

中国农业出版社出版

（北京市朝阳区麦子店街 18 号楼）

（邮政编码 100125）

责任编辑　孙鸣凤

---

中国农业出版社印刷厂印刷　　新华书店北京发行所发行

2016 年 6 月第 1 版　　2016 年 6 月北京第 1 次印刷

---

开本：700mm×1000mm 1/16　　印张：10

字数：180 千字

定价：30.00 元